北大版新一代对外汉语教材

中级 汉语口语 （第二版）

提高篇

Intermediate Spoken Chinese

刘德联　刘晓雨　编著

by Liu Delian Liu Xiaoyu

（Second Edition）

HANYU

KOUYU

北京大学出版社
PEKING UNIVERSITY PRESS

图书在版编目(CIP)数据

中级汉语口语(提高篇)/刘德联,刘晓雨编著. —2 版. —北京：北京大学出版社，
2004.3

（北大版新一代对外汉语教材·口语教程系列）

ISBN 7-301-06633-3

Ⅰ.中… Ⅱ.①刘…②刘… Ⅲ.汉语–口语–对外汉语教学–教材 Ⅳ.H195.4

中国版本图书馆 CIP 数据核字(2003)第 097992 号

书　　　名：中级汉语口语（提高篇）（第二版）
著作责任者：刘德联　刘晓雨　编著
责 任 编 辑：沈浦娜
内 文 插 图：兆　元
标 准 书 号：ISBN 7-301-06633-3/H·0912
出 版 发 行：北京大学出版社
地　　　址：北京市海淀区成府路 205 号　　100871
网　　　址：http://cbs.pku.edu.cn
电　　　话：邮购部 62752015　发行部 62750672　编辑部 62752028
电 子 邮 箱：spn@pup.pku.edu.cn
排 版 者：北京华伦图文制作中心　82866441
印 刷 者：北京大学印刷厂
经 销 者：新华书店
　　　　　　787毫米×1092毫米　16 开本　11.75 印张　307 千字
　　　　　　1996 年 8 月第 1 版（总第 16 次印刷）
　　　　　　2004 年 3 月第 2 版　2006 年 8 月第 4 次印刷
定　　　价：36.00 元

目　　录

改版说明

　　《中级汉语口语》(上、下)自 1996 年出版以来,受到汉语教师和学习者的普遍欢迎,先后重印十几次,总印数超过十万册。这是对这部教材的肯定。我们对所有使用者深表谢意。

　　口语教材,特别是中、高级口语教材,具有较强的时效性。它必须围绕当今社会普遍的话题,采用流行的语言,使学习者尽快学会并运用。处于改革中的中国日新月异的变化,也促使汉语交际语言不断更新。为适应社会发展的需要,我们的口语教材,即使是一部好的教材,在用过一段时间以后,都有对教材从内容到语言进行部分修改的必要。我们在这部教材销售旺期进行改版,正是出于上述目的。

　　这次改版,根据教学的需要,在原有教材的基础上,对部分课文作了一定的修改,并补充了一些新的课文,将原来的上、下两册,充实为现在的 1、2、提高篇。在体例上,根据部分教材使用者的要求,增加了"语句理解"一项,对一些口语化的、仅从字面上难以准确理解其含义的语句作了例释。此外,根据部分使用者的意见,对课文中过于北京化的口语词汇作了适当的调整,以适应各地使用者的需要。在练习方法上,我们也增添了一些活泼多样的练习形式。

　　在这次改版过程中,韩曦老师、钱旭菁老师为教材的英文注释作了校对。在此一并表示感谢。

　　我们希望教材改版以后,能够更适应学习者的需要,也希望教材使用者将使用中发现的问题,及时反馈给我们。

刘德联　刘晓雨
2004 年 1 月于北京大学对外汉语教育学院

序

　　学习外语,按说应该是听、说、读、写并重,但在实际教学中,往往可以根据学生的水平和需要而有不同程度的侧重。近些年来,我国有不少高等院校的对外汉语教学单独设置了口语课程,侧重听和说的训练,这是非常必要的。外国朋友在中国学汉语和在他们自己的国家学,环境完全不同,他们来到中国以后,迫切感觉需要的就是提高口语能力以适应陌生的语言和生活环境,只靠一般汉语课循序渐进地学语音、词汇和语法,是远远不能满足他们每天生活中听和说的需要的。专门为他们开设口语课,正可以弥补这方面的不足。近几年来,国内已出版了一些专供外国朋友学习口语用的教材,各自从不同的角度对如何讲授口语课作了一些很有意义的探索,这是非常可喜的现象。但是,如何突出口语课的特点,使它和其他汉语课有明显的分工,应该说是至今还没有很好解决的问题。

　　这部《中级汉语口语》是北京大学对外汉语教学中心刘德联和刘晓雨两位老师合编的,近几年来他们一直为外国留学生讲授汉语口语课程,积累了相当丰富的教学经验,最近又在总结过去一些口语教材的优缺点的基础上编写了这部教材,它以密切结合学生口语的实际需要为编写主线,内容相当活泼生动,语言也比较规范自然,尤其是在每一单元之后设置了"口语知识"和"口语常用语"两项内容,既起到了复习已学到的汉语知识的作用,又能把这些知识集中到口语的角度来认识,对学生提高口语能力无疑有很大帮助,这是非常有意义的尝试。希望这部教材的出版能对今后汉语口语课的建设起到推动作用,使汉语口语课从目前的探索阶段走向成熟,逐步形成一套真正有自己特色的比较完整的口语课体系。这恐怕不只是本书两位编者的希望,也是所有汉语教师的希望。我正是怀着这种希望愿意为这部教材写出这篇短序的。

林　焘

1996 年 4 月于北京大学燕南园

前　　言

　　语言是随着社会的发展而发展的,语言教材也应不断更新。这部《中级汉语口语》就是基于这种原则而编写的。

　　这部教材以具有一定汉语基础的来华进修的留学生为主要对象,课文内容紧紧围绕外国留学生的在华留学生活,选取留学生可能会遇到的情景,安排自然、生动的口语对话,以满足留学生的日常生活需要。

　　本教材所选生词主要是国家对外汉语教学领导小组办公室公布的《汉语水平词汇与汉字等级大纲》中乙级以上的词汇,甲级词和部分常用的乙级词没有作为生词收入。

　　本教材在总结前人编写教材的经验教训的基础上,力求突破与创新,突出口语教材的特性。其特点主要体现在以下几个方面:

　　其一,以若干主线人物贯串始终,赋予人物一定的性格特征,让不同性格的人物说出不同风格的语言,避免出现书中人物千人一面,干巴巴问答的现象。

　　其二,注意社会发展趋势,及时淘汰已过时或即将过时的语言,在安排课文内容和语言时"向前看",把对一些社会新生事物的介绍及有关的会话内容收入到课文之中,如各种新的交通工具的乘坐常识、移动电话与寻呼机的有关知识,等等。

　　其三,安排大量由浅入深的实用性练习,练习方式变"词本位"为"句本位",将重点放在情景会话上,要求教会学生在不同的场景中说出恰当的话语。

　　其四,口语知识的系统化讲解。在教材每一单元之后设置《口语知识》一项内容,对口语中经常使用的一些语言现象,从口语语音到口语语法,进行比较系统的归纳,然后布置一些相关的练习,帮助学生巩固所学知识。

　　其五,口语常用语的补充。在教材每一单元之后,增设《口语常用语》。将口语中经常使用的某些交际语言分门别类地进行适当的归纳,帮助学生了解同一情景下不同的表达方式。

　　本书在编写过程中,得到北京大学对外汉语教学中心部分教师的热情指教,林焘先生在百忙之中为本书作序,张园老师参加了本书前期准备工作,北京大学出版社的沈浦娜老师、郭荔老师提出许多建设性意见,在此,一并表示感谢。

刘德联　刘晓雨

1996年4月于北京大学

第一课 假期过得怎么样？

1. 如果你是本班的老同学，请你谈谈你的假期生活；
2. 如果你是一个新同学，请你谈谈你对中国的初步印象。

（玛丽和安娜在留学生宿舍楼前晒太阳。）

安　娜：今天天气真不错。

玛　丽：是啊，难得有这样的好天气。

安　娜：这么好的天气，不应该上课，应该到郊外去转转。

玛　丽：你假期转了二十多天，还没转够哇！

安　娜：旅行的时候呢，觉得真累，老想着快回去吧；可一到了家，就又觉得外面好，盼着再出去。哎，下次旅行咱们去哪儿？

玛　丽：刚回来就想下次了？还是收收心，准备入学考试吧。

安　娜： 又是考试,真扫兴!

（田中、大卫走过来）

大　卫： 二位,晒太阳哪? 真悠闲哪!

玛　丽： 你们假期去哪儿了?

田　中： 我哪儿都没去,利用假期在图书馆里查了不少资料。

安　娜： 我真佩服你! 放假也不休息,有这么大的学习劲头。我呀,
要是有你的一半儿就好了。

大　卫： 你们寒假过得怎么样?

安　娜： 和玛丽一起转了半个中国,差点儿没累死。

玛　丽： 累是累,不过,还真是开眼了。哎,你们看过乐山大佛吗?那
大佛有七十多米高,一只脚上就能站好几十人,可气派了!
回头我拿照片给你们看看。

安　娜： 我最喜欢去的地方还是华清池,那儿的风景别提多漂亮了。
说真的,我挺羡慕杨贵妃的,在那么美的地方,和自己的心
上人尽情享受——哦,太浪漫了!

玛　丽： 你还做起贵妃梦来了! 哎,大卫,你假期上哪儿去了?

大　卫： 说来惭愧,我假期参加了大学生登山队,到中国的青海登
山去了。

玛　丽： 登山是好事啊,有什么惭愧的?

大　卫： 登山当然是好事,可我的身体不争气——高山反应,还挺厉
害,结果住进了医院,一住就是十几天,等我出了院,人家也
下山了,我就跟登山队一块儿回来了。下火车的时候,欢迎
人群把我也当做登山英雄来欢迎,你说我能不觉得惭愧吗?

玛　丽： 没关系,英雄虽然没当成,可也去了一趟青海,就算是去旅
游了呗。

大　卫：事到如今,也只好这么安慰自己了。不过我在医院里也没白住,交了不少朋友,医院里的那些藏族小护士对我既热情又耐心,真让我感动。出院的时候,我还真舍不得离开那儿呢。

玛　丽：你们看!那不是王峰吗?(喊)王峰!

(王峰抱着篮球走了过来)

玛　丽：王峰,你不是说假期去学车吗?怎么样?学会了吗?

王　峰：那当然了,驾照都拿到了,就等着买车了。

安　娜：要是你现在有车该多好哇!我们可以坐你的车到郊外去兜兜风。

王　峰：没问题,只要你们敢坐。

安　娜：啊?就这水平啊!那算了吧!我可不想冒那个险!

○ 词　语

1. 晒	(动)	shài	to bask in the sun
2. 难得	(形)	nándé	seldom
3. 盼	(动)	pàn	to long for
4. 收心		shōu xīn	to get into the frame of mind for work or study
5. 入学		rù xué	to enter a school
6. 扫兴		sǎo xìng	to feel disappointed
7. 悠闲	(形)	yōuxián	leisurely and carefree
8. 资料	(名)	zīliào	material
9. 劲头	(名)	jìntóu	vigour
10. 开眼		kāi yǎn	to widen one's view
11. 气派	(形、名)	qìpài	magnificent; air; manner

12. 回头	（副）	huítóu	later
13. 尽情	（副）	jìnqíng	to one's heart's content
14. 浪漫	（形）	làngmàn	romantic
15. 做梦		zuò mèng	to dream
16. 惭愧	（形）	cánkuì	to be ashamed
17. 高山反应		gāoshān fǎnyìng	mountain sickness
18. 当做	（动）	dàngzuò	to regard as；to consider
19. 英雄	（名）	yīngxióng	hero
20. 呗	（助）	bei	(indicating that the idea is simple and easy to understand)
21. 如今	（名）	rújīn	now
22. 安慰	（动）	ānwèi	to comfort
23. 耐心	（形）	nàixīn	patient
24. 兜风		dōu fēng	to go for a drive
25. 冒险		mào xiǎn	to take a risk

注　释

青海 (Qīnghǎi)　　　　　中国西部的一个省份。

语句理解

1. 差点儿没累死

"差点儿"后面用"没"，有两种情况：

(1) 如果后面是不希望发生的事情，表示事情几乎发生而最终没有发生，有庆幸的意思，这时用不用"没"意思不变。比如：

差点儿没迟到＝差点儿迟到

差点儿没丢了＝差点儿丢了

(2) 如果后面是希望发生的事情,表示事情终于勉强发生了,也有庆幸的意思。比如:

差点儿没考上(结果是"考上了",但勉强通过)

差点儿没买到(结果是"买到了",但剩余已经不多)

2．别提多漂亮了

"别提多……了"表示程度很高。比如:

(1) 今天别提多热了。

(2) 儿子要结婚了,妈妈心里别提多高兴了。

3．说来惭愧

"说来惭愧"表示因为做得不够好而不好意思说。比如:

(1) 我来中国一个多月了,不过说来惭愧,到现在和中国人还说不了几句话。

(2) 甲:昨天你们的比赛结果怎么样?

乙:说来惭愧,输得太惨了。

4．事到如今,也只好这么安慰自己了

"事到如今,也只好……"表示既然事情发展得很不如意,只能接受它或另作打算。比如:

(1) 甲:你不是说对你的工作不太满意吗? 为什么不换个工作呢?

乙:虽说不满意,可已经干这么多年了,事到如今,也只好继续干下去了。

(2) 甲:听说你的孩子只差几分没考上大学,他打算怎么办?

乙:有什么办法? 事到如今,也只好等明年再试试了。

● 练 习

一　从课文中找出下面的句子，根据上下文体会说话人的语气和所表示的意思，并用正确的语调朗读：

1. 刚回来就想下次了？
2. 你假期转了二十多天，还没转够哇！
3. 我呀，要是有你的一半儿就好了。
4. 累是累，不过，还真是开眼了。
5. 你还做起贵妃梦来了！
6. 就算是去旅游了呗。
7. 就这水平啊！

二　用指定的词语完成下面的对话，然后用它做模仿会话练习：

1. 甲：听说你买了一台新电脑，感觉怎么样？

   乙：＿＿＿＿＿＿＿＿。（别提多……了）

2. 甲：你对她就没有一点儿感情吗？

   乙：＿＿＿＿＿＿＿＿。（说真的）

3. 甲：你在中国学了那么久，汉语一定不错吧？

   乙：＿＿＿＿＿＿＿＿。（说来惭愧）

4. 甲：他们让我在那么多人面前谈恋爱经过，这多不好意思！

   乙：＿＿＿＿＿＿＿＿。（有什么……的）

5. 甲：有病就得慢慢养，你着急又有什么用呢？

   乙：＿＿＿＿＿＿＿＿。（事到如今，也只好……了）

6. 甲：来，把这杯酒干了！

   乙：＿＿＿＿＿＿＿＿。（算了吧）

三　用正确的语调朗读下面两组短语,体会它们之间的不同:

　　　　　（一）　　　　　　　　　　（二）

　　1. 差点儿没摔倒　　　　　　1. 差点儿没见着

　　2. 差点儿没哭出声来　　　　2. 差点儿没赶上飞机

　　3. 差点儿没闹笑话　　　　　3. 差点儿没答上来

四　根据所给的题目,选用下面的词语和短句会话:

　　1. 谈谈第一次坐飞机的感受;

　　2. 谈谈第一次登台演出或讲演的感受;

　　3. 谈谈在游乐场玩惊险(jīngxiǎn)项目的感受;

　　4. 自由选题。

　　差点儿(没)……　　……是……,不过……　　别提多……了
　　有什么……的　　既……又……　　事到如今,也只好……
　　说真的

五　用上划线部分的词语回答下面的问题:

　　1. 说一件让你扫兴的事情。

　　2. 你愿意过一种悠闲的生活吗?

　　3. 你做过什么样的事情至今让你感到惭愧?

　　4. 当你遇到失败的时候,希望有人来安慰你吗?

　　5. 你觉得自己是一个敢于冒险的人吗?

六　成段表达:

　　1. 在中国旅行的苦与乐。

　　2. 你们国家大学生的假期生活。

第二课　你们可以上门服务吗？

1. 你房间里有什么电器？出过什么毛病吗？
2. 如果你的电器有毛病，你怎么解决？

（在安娜租的房屋。）

安　娜：大卫，你对修电视机在行吗？

大　卫：说不上在行，可也懂那么一点儿。

安　娜：太好了，帮我看看我的电视机吧。（打开电视）你看，中央台的体育频道雪花特别多，图像都是模糊的，声音也有点儿失真；文艺频道里的人都变形了；还有的频道干脆没影儿了。

大　卫：让我看看。是不是天线没接好？要不就是频道没调好？好像都不是。看来我也没办法了，还是请专家来修吧。你的电视机够旧的，早过了保修期了吧？

安　娜：还保修期哪？这电视机用了不止十年了吧？我估计这种型号的电视厂家现在都不生产了。

大　卫：你这电视机是在哪个商店买的？

安　娜：哪儿是商店买的！是朋友的朋友半卖半送给我的二手货。

大　卫：多少钱买的？

安　娜：(伸出三个手指)你猜。

大　卫：(吃惊地)三千？

安　娜：(摇头)

大　卫：三百？

安　娜：(又摇头)

大　卫：不会是三十吧？

安　娜：比三十多一点儿，三十五。

大　卫：我看你这电视该进博物馆了，买一台新的吧。

安　娜：还有几个月就回国了，能凑合用就凑合用吧，现在买新的不值得。

大　卫：你这么凑合才不值得呢，要看就看得舒服点儿。你不是爱看球吗？要是看球的时候连进球的是谁都看不清楚，那还有什么看头？……怎么？还是不想买？那就找个电器维修部，让他们给修修吧。你知道学校附近哪儿有修电器的吗？

安　娜：不知道。我们可以打个电话查一下。

大　卫：查号台的电话号码是多少？

安　娜：好像是……119？

大　卫：别瞎说了，那是火警电话。你想把消防车叫来呀？

安　娜：要不就是……114？没错儿！我想起来了，就是114！

大　卫：那我可打了？这次不会把警察叫来吧？

安　娜：绝对不会！你没看见街上跑的警车吗！"有困难，找警察，请打110。"110才是匪警电话呢！

大　卫：　(打电话)喂！是查号台吗？我住在西城区迎春园小区。我想查一下附近电器维修部的电话号码。6–2–8–8–1–2–3–4。谢谢。

安　娜：　这就是维修部的电话？

大　卫：　你还有别的要修的吗？想好了，让他们一起修。

安　娜：　要修的多着呢！这个录音机有杂音，那边冰箱启动的声音太大，卫生间的灯也一闪一闪的，都该修。(打电话)喂！是电器维修部吗？我家的电视、冰箱都有毛病，想请你们修一下。你们可以上门服务吗？可以？那太好了！什么时候？今天下午三点左右。好，我在家等你们。我家的地址是迎春园小区三号楼二门506号，电话是62755555。对！很好记。下午见！

大　卫：　好了，问题解决了。

安　娜：　还有个更重要的问题急需解决。

大　卫：　什么问题？

安　娜：　我肚子快饿瘪了。

词　语

1. 上门(服务)		shàng mén (fúwù)	to provide home service
2. 在行	(形)	zàiháng	professional
3. 图像	(名)	túxiàng	(TV) picture; images
4. 失真		shī zhēn	(of voice, images, etc.) to lack fidelity
5. 文艺	(名)	wényì	art and literature
6. 变形		biàn xíng	to be out of shape
7. 干脆	(形)	gāncuì	simply
8. 没影儿		méiyǐngr	to have no picture on the screen

9. 天线	（名）	tiānxiàn		antenna
10. 调	（动）	tiáo		to adjust
11. 保修	（动）	bǎoxiū		guarantee repair service for a commodity sold
12. 估计	（动）	gūjì		to reckon; to estimate
13. 型号	（名）	xínghào		model; type
14. 厂家	（名）	chǎngjiā		factory
15. 二手货	（名）	èrshǒuhuò		second-hand goods
16. 摇头		yáo tóu		to shake head
17. 电器	（名）	diànqì		electrical equipment
18. 维修	（动）	wéixiū		to repair
19. 部	（名）	bù		department
20. 查号台		cháhàotái		directory inquiries
21. 消防车	（名）	xiāofángchē		fire engine
22. 警察	（名）	jǐngchá		police
23. 绝对	（副）	juéduì		absolutely; definitely
24. 警车		jǐngchē		police car
25. 小区	（名）	xiǎoqū		residential complex
26. 杂音	（名）	záyīn		noise
27. 启动	（动）	qǐdòng		to start (a machine, etc.)
28. 闪	（动）	shǎn		to flash
29. 急需	（动）	jíxū		to be badly in need of
30. 瘪	（形）	biě		deflated; flat

○ 注 释

1. 雪花　　　由于受到干扰,电视屏幕上出现像雪花一样的白点。

2. 火警　　　失火的事件。

3. 匪(fěi)警　　危害社会或人身安全的严重事件。

● 语句理解

1. 说不上在行,可也懂那么一点儿

"说不上……,(可)……"表示虽然没有达到对方或别人说的那种程度,但是自己还是有一定的能力或对某事有一定的了解。比如:

(1) 甲:你是他的同事,对他一定很了解吧?

乙:说不上很了解,可是一起工作那么长时间了,互相还是比较熟悉的。

(2) 甲:听说你对中国历史很有研究。

乙:说不上有研究,可我看过不少这方面的书。

2. 用了不止十年

"不止……"表示超出某个数目或范围。比如:

(1) 他可不止六十岁。

(2) 问题不止这些,还有很多。

3. 有什么看头

"有什么……头"表示不值得做(某事),中间一般是"吃、喝、玩儿、听、干"等少数几个单音节动词。比如:

(1) 天天是面条,面条有什么吃头?

(2) 就这么几个电脑游戏,有什么玩儿头?

● 练 习

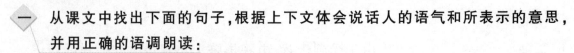

一　从课文中找出下面的句子,根据上下文体会说话人的语气和所表示的意思,并用正确的语调朗读:

1. 说不上在行,可也懂那么一点儿。

2. 还保修期哪?这电视机用了不止十年了吧?

3. 不会是三十吧？

4. 我看你这电视该进博物馆了。

5. 你这么凑合才不值得呢。

6. 那我可打了？这次不会把警察叫来吧？

二 用指定的词语完成下面的对话，然后用它做模仿会话练习：

1. 甲：大家都说你做饭很有水平，是吧？

 乙：＿＿＿＿＿＿＿＿＿。（说不上……，可……）

2. 甲：我看这条鱼有三斤重呢！

 乙：＿＿＿＿＿＿＿＿＿。（不止）

3. 甲：公共汽车站在哪儿呢？咱们找个人问问吧？

 乙：＿＿＿＿＿＿＿＿＿。（干脆）

4. 甲：他怎么到现在还没来啊？

 乙：＿＿＿＿＿＿＿＿＿。（估计）

5. 甲：我不相信他会做这样的坏事，你看错人了。

 乙：＿＿＿＿＿＿＿＿＿。（绝对）

6. 甲：你们对现在的学习和生活有什么要求？

 乙：＿＿＿＿＿＿＿＿＿。（急需）

三 用下面的动词，加上"有什么……头"，各说一句完整的话：

吃

喝

看

听

玩

干

四　参考所给的词语，说说家用电器可能出现哪些毛病以及如何解决。

可能出现的毛病或出毛病的地方	如何解决
杂音	查看
启动	接
图像	调
失真	修
雪花	保修
变形	厂家
闪	维修（部）
天线	
电源(diànyuán)	

五　下面是北京常用电话号码，请说出你所在的城市或你们国家相应的电话号码：

1. 市内电话查号：　　　　　114（市话费）

2. 报时：　　　　　　　　　117（市话费）

3. 天气预报：　　　　　　　121（市话费）

4. 匪警：　　　　　　　　　110（免费）

5. 电话报修：　　　　　　　112（免费）

6. 火警：　　　　　　　　　119（免费）

7. 医疗(yīliáo)急救(jíjiù)中心：　120（免费）

8. 交通故障(gùzhàng)：　　　122（免费）

9. 急救报警中心：　　　　　999（免费）

六　根据要求进行模拟会话：

你的电视有点儿问题，想要报修。

·打电话给查号台，查电器维修部的号码；

· 打电话给电器维修部,说明电视的问题;

· 和维修部联系上门维修的时间和地点。

七 **参考以下语句,分正方和反方进行辩论:**

家用电器越多越好。

正方	反方
1 节省时间	1 耗费 (hàofèi) 能源 (néngyuán)
2 方便省力	2 污染 (wūrǎn) 环境
3 生活丰富多彩	3 过度依赖 (yīlài) 电器,失去自身的劳动和适应能力
……	……

第三课　我想在你们这儿订几个菜

热身话题

1. 如果你有朋友来,你们会去哪儿吃饭?
2. 你在饭馆订过餐没有? 一般喜欢什么口味的菜?

(有几位朋友来看玛丽和大卫,他们在一起聊得很开心。)

玛　丽：哎呀,好久没见了,今天一见面,好像有说不完的话。

大　卫：是啊,中国有句成语叫做"一日不见,如隔三秋",我们都两年多没见了,当然有一肚子话要说了。

玛　丽：不知不觉聊了一下午,你看,天都黑了,咱们是不是该去吃饭了?

大　卫：可我还没聊够呢。不过,确实有点儿饿了,要不,咱们去食堂,边吃边聊。

玛　丽：食堂的菜我可吃腻了,再说,他们几个也是稀客,咱俩请客,到外边的饭馆去吃,怎么样?

大　卫：　好主意,你说去哪个饭馆好呢?

玛　丽：　吃日本菜怎么样?你不是最喜欢吃吗?

大　卫：　喜欢是喜欢,可是这个时候正是吃饭的高峰时间,现在去肯定没座位了,至少要等半个小时,我们站在大街上边等边聊吗?我看不如去吃韩国烧烤。

玛　丽：　那里客人多,吵吵嚷嚷的,说话都跟吵架似的。要是没有包间,怎么聊天儿啊?

大　卫：　那就去吃西餐?……不行不行,离学校太远。

玛　丽：　我给你出个两全其美的办法,给学校附近的中餐馆打个电话，让他们送几个菜来，咱们再在楼下的小卖部买几瓶啤酒,就在房间里吃,又自在,又不耽误聊天儿。怎么样?

大　卫：　这个主意不错,你是怎么想出来的?

玛　丽：　嗨!这又不是第一次。上次我们班一个同学过生日,就是打电话订的菜,真的很方便!你看,这都是同学送我的附近饭馆的菜单,上边都有送餐电话。看这张,"大馅儿饺子",饺子今天就算了;再看这张,"北京烤鸭",烤鸭也别考虑了,送过来就凉了;哎,这张好,"四川菜",四川菜比较辣,你们能吃吗?吃什么都行?那就在这个四川酒家订几个菜吧。鱼香肉丝,麻婆豆腐,泡菜……四川泡菜我吃起来就没够。

大　卫：　看你,说得这么热闹,那就快打电话吧。

玛　丽：　(打电话)喂,是四川酒家吗?我想在你们这儿订几个菜。什么?现在人手不够,忙不过来?过两个小时?不行!太晚了!啊?让我们自己去取?这叫什么送餐到家呀?算了,我再跟别的饭馆联系吧。(对大卫)完了,人家现在忙,不管送。

大　卫：　你那儿不是还有别的饭馆的菜单吗?换一家。

玛　丽：　匹萨饼怎么样？看："全家福套餐，可供六至八人食用。"有匹萨，有烤鸡翅，有蔬菜沙拉，水果沙拉，还有饮料。哦，看这儿，"赠送特大号匹萨一个，两公里以内免费送餐到家。"

大　卫：　这可是既丰富又实惠，不吃太可惜了。电话号码是多少？这次我来打。(打电话后)好了，解决了。咱们继续聊天儿，一会儿吃现成的吧。

玛　丽：　等等。今天有客人，怎么说也得喝点儿酒吧？大卫，反正你现在闲着也是闲着，就辛苦一趟，去楼下的小卖部买点儿酒吧。

大　卫：　那你呢？

玛　丽：　我在这儿等人送外卖呀！

词　语

1. 开心	（形）	kāixīn	happy
2. 腻	（形）	nì	to be tired of
3. 稀客	（名）	xīkè	rare visitor
4. 高峰	（名）	gāofēng	peak period
5. 座位	（名）	zuòwèi	seat
6. 烧烤		shāokǎo	barbecue
7. 吵架		chǎo jià	to quarrel
8. 包间	（名）	bāojiān	box; separate room (in a restanrant)
9. 两全其美		liǎngquánqíměi	to gratify both sides
10. 自在	（形）	zìzai	comfortable

11. 凉	（形）	liáng	cool
12. 人手	（名）	rénshǒu	manpower; hand
13. 管	（动）	guǎn	to be in charge of
14. 匹萨（饼）	（名）	pǐsà (bǐng)	pizza
15. 套餐	（名）	tàocān	table d'hôte
16. 供	（动）	gōng	to provide
17. 至	（动）	zhì	to
18. 食用	（动）	shíyòng	to eat
19. 鸡翅	（名）	jīchì	chicken wing
20. 沙拉	（名）	shālā	salad
21. 赠送	（动）	zèngsòng	to present as a gift
22. ……以内	（名）	…yǐnèi	within
23. 既……又……		jì…yòu…	both...and...
24. 实惠	（形）	shíhuì	to have substancial advantages
25. 现成	（形）	xiànchéng	ready-made
26. 外卖		wàimài	take-out

● 注　释

1. 一日不见,如隔三秋	一天不见就好像过了三年,形容对亲友非常想念。
2. 鱼香肉丝,麻婆（mápó）豆腐,泡（pào）菜	都是常见的四川菜。
3. 全家福	荤(hūn)菜的杂烩(záhuì),多指用多种海鲜做成的一道菜。

语句理解

1. 这叫什么送餐到家呀

   "这叫什么……啊"表示名不符实,有不满的语气。比如:

   (1) 这叫什么厨师啊?炒的菜这么难吃!

   (2) 甲:菜还没来,咱们先喝点儿茶吧。

   乙:这叫什么茶呀?一点儿茶味儿都没有。

2. 完了

   表示事情失败或没有希望。比如:

   (1) 甲:你的汉语只考了五级。

   乙:完了,今年不能上本科了。

   (2) 甲:天气预报说周末有大雨。

   乙:完了,爬不了山了。

3. 怎么说也得喝点儿酒吧

   "怎么说也得……"表示无论如何应该做某事。比如:

   (1) 甲:我知道他病了,可是我最近实在是很忙啊。

   乙:可你是他的朋友,怎么说也得去看一下吧。

   (2) 甲:这次演讲我不想参加了,我太紧张了。

   乙:你都准备那么长时间了,怎么说也得试试呀。

4. 闲着也是闲着

   "A着也是A着"表示不要让时间或东西白白浪费,可以顺便利用一下。比如:

   (1) 甲:今年暑假我没什么事。

   乙:在家里待着也是待着,不如咱们一块儿去旅行吧。

（2）甲：下个月我们班去外地教学实习，你能不能帮我借一个照相
机用用？

乙：我这儿就有，好长时间没用了，放着也是放着，你拿去用
吧。

练 习

一 下面是含有"吃"字的俗语，查词典，了解它们的意义，并正确朗读：

（1）吃一堑(qiàn)，长一智　　（2）吃不了，兜(dōu)着走

（3）吃苦在前，享受在后　　　（4）靠山吃山，靠水吃水

二 用指定的词语完成下面的对话，然后用它做模仿会话练习：

1.甲：你怎么老吃方便面呢？

乙：_____。（既……又……）

2.甲：请你尝尝我做的饺子。

乙：_____。（这叫什么……啊）

3.甲：昨天你没上课，去网吧上网，老师已经知道了。

乙：_____。（完了）

4.甲：这次的作文题目太难了，我真不知道写什么。

乙：_____。（怎么说也得……）

5.甲：你是客人，怎么能让你到厨房来做饭？

乙：_____。（闲着也是闲着）

三 正确朗读下面的词语，并说出它们是哪个国家或地区的食品：

冷面 lěngmiàn	寿司 shòusī	拉面 lāmiàn
泡菜 pàocài	生鱼片 shēngyúpiàn	汉堡包 hànbǎobāo
匹萨饼 pǐsàbǐng	咖喱饭 gālífàn	奶酪 nǎilào
薯条 shǔtiáo	三明治 sānmíngzhì	通心粉 tōngxīnfěn

四 下面是一些快餐店的名称,请说说你去过哪些,在那儿可以吃到什么食品:

必胜客　　麦当劳　　肯德基　　永和大王
好伦哥　　乐天利　　吉野家　　马兰拉面

五 用上划线词语回答下面的问题:

1. 如果你遇到烦恼,你会用什么办法让自己开心?

2. 发生矛盾的时候,吵架能不能解决问题?

3. 你送礼物或接受礼物的时候,更注重是不是名牌还是实惠不实惠?

六 根据要求完成任务,并在班里汇报完成任务的过程:

打电话给一家餐厅订菜,并要求送到你指定的地点。

七 参考以下词语,进行辩论:

经常吃快餐的利弊。

热量	营养	脂肪(zhīfáng)
方便	环境	维生素(wéishēngsù)
服务	经济实惠	国际化

……

补充材料

你是一家快餐店的老板，请参考下面的广告，为自己的快餐店作宣传。

好消息！！！

　　本店自8月8日起隆重开业，经营各式快餐，品种丰富，价格实惠，24小时营业。

　　自开业之日起两周内，凡来本店就餐者一律八折优惠，消费超过50元者除享受优惠外，另赠送饮料一份，数量有限，赠完即止。

　　敬请光临，并欢迎订餐。订餐电话：87369603

第四课　附近哪儿有修车的?

热身话题

1. 你现在有自行车吗? 如果没有,想不想买一辆? 为什么?
2. 你和修车师傅交谈过吗? 你了解修车人的生活吗?

(大卫骑车上街,车带瘪了,他推着车向过路人打听……)

大　卫: 劳驾,附近哪儿有修车的?

过路人: 南边那条街上有个修车铺。

大　卫: 远吗?

过路人: 没多远,到前边丁字路口往右拐,走不了几步就到了。

大　卫: 多谢了。

(在修车铺)

大　卫: 师傅,您给看看这车。

师　傅: 哪儿出毛病了?

24

大　卫：　车带没气了。

师　傅：　(边检查边说)气门心没问题,多半儿是车带扎了,打开瞧瞧?

大　卫：　行啊,您看着修吧。

师　傅：　瞧见没有?里带破了,得补。(又上下看了看里带)我说小伙子,你这带子可有年头了,该换条新的了。你看,都补了好几块了。

大　卫：　不能补了吗?

师　傅：　凑合补上也可以,可骑不了几天,你还得修。

大　卫：　那就换一条里带吧。

(大卫一边看着师傅修车,一边和他聊天儿。)

大　卫：　师傅,您干这活儿时间不短了吧?

师　傅：　有三四十年了。年轻时就跟着师傅干,后来岁数大了,自己开了个车铺。

大　卫：　我看您这儿车不少,都是要修的吗?

师　傅：　可不是嘛! 一天到晚,没有闲的时候。

大　卫：　就您一个人干吗?

师　傅：　一个人哪儿干得过来呀?我有俩徒弟,大中午的,我让他们先回家吃饭去了。

大　卫：　您这么大岁数了,干这种活儿可真不容易呀!

师　傅：　谁说不是呢! 不管白天晚上,晴天雨天,春夏秋冬,都得这么干,有时半夜还有敲门的呢。不管他吧,他车坏在半道上了,回不了家。还是起来给人家修吧,就算做件好事,帮个忙。

大　卫：　干您这行的,日子过得还可以吧?

师　傅：　那得看怎么说。要说过日子嘛，当然是够了。可干这种活儿，也别想当大款。咱们这么说吧，凡是来修车的，有几个是有钱的？大家挣钱都不容易。再说，来修车的大多是左右邻居，虽说修车累点儿，可抬头不见低头见的，谁好意思多收人家的钱？所以说，忙活一天，也挣不了多少钱，够花就行了。

大　卫：　现在好多家庭都买汽车了，来修车的人该少些了吧？

师　傅：　那倒没有。虽说汽车市场挺红火，可是买辆车至少得几万，有多少人买得起？再说，现在这马路上车多得要命，动不动就堵车，论方便还得说是自行车。不过现在的人对车可不像过去那么珍惜。过去一辆车一家几代骑，车子有什么毛病都得找修车铺。现在有的人观念变了，有小毛病才来找你，要说让他大修，他宁可把车扔进垃圾堆，再多花点儿钱买辆新的。买辆新车才多少钱哪？所以现在大修的活儿少了，一般都是补个带啦、修个闸啦、换个小零件什么的，这活儿有什么难的？是个人就会干！你没看马路边那些摆摊儿修车的吗？弄盆水，摆几件工具就干上了。那些人，真懂修车的不多，有的就能补补带，一让他换前后轴就拿不起来了。

大　卫：　现在人们对修车这个行业怎么看呢？

师　傅：　这怎么说呢？人家有本事的看不起这又脏又累的活儿，没本事的又干不了，可这一行谁都离不开。咱这城市一千多万人口，谁家没几辆自行车呀？

大　卫：　是这样，在这么一个大城市里，缺了哪一行也不能缺了修车的。

师　傅：　你这话在理，我爱听。行了，你这车好了，骑上试试吧。
大　卫：　谢谢您了。

● 词　语

1. (车)带	（名）	(chē)dài	tyre
2. 打听	（动）	dǎting	to ask about
3. 铺	（名）	pù	store
4. 丁字路口		dīngzìlùkǒu	T shaped road junction
5. 气门心	（名）	qìménxīn	part of the inside valve
6. 多半儿	（副）	duōbànr	probably
7. 扎	（动）	zhā	to prick
8. 补	（动）	bǔ	to mend
9. 小伙子	（名）	xiǎohuǒzi	young fellow
10. 开	（动）	kāi	to set up；to run
11. 徒弟	（名）	túdì	apprentice
12. 半道	（名）	bàndào	halfway
13. 行	（名）	háng	trade；profession
14. 凡是	（连）	fánshì	every；any；all
15. 挣(钱)	（动）	zhèng(qián)	to earn or to make money
16. 忙活	（动）	mánghuo	to be busy doing sth.
17. 论	（介）	lùn	in terms of
18. 珍惜	（动）	zhēnxī	to value；to cherish
19. 垃圾堆	（名）	lājīduī	rubbish heap
20. 闸	（名）	zhá	brake
21. 代	（名）	dài	generation

22. 零件	（名）	língjiàn	spare parts
23. 摆	（动）	bǎi	to put
24. 摊儿	（名）	tānr	stall
25. 盆	（名）	pén	basin
26. 轴	（名）	zhóu	axle
27. 在理	（形）	zàilǐ	reasonable；right

注 释

1. 有年头　　　　表示时间很长，比较古老或很旧了。

2. 大款（kuǎn）　指收入极高或非常有钱的人。

3. 抬头不见低头见　意思是大家常见面，不要为小事伤了和气。这是中国
　　　　　　　　　传统的处世原则。

4. 拿不起来　　　表示能力不足以完成某项工作。

语句理解

1. 您看着修吧

　　"看着……吧"表示对方可以根据自己的经验或意愿做出决定。比如：

　　（1）甲：今天晚上做什么菜呢？

　　　　　乙：你看着办吧，什么都行。

　　（2）甲：这几件旧家具我都要了，该给你多少钱？

　　　　　乙：多点儿少点儿没关系，你看着给吧。

2. 动不动就堵车

　　"动不动就……"表示某种行为或状况很容易发生，多用于不希望发生或不正
　常的事。比如：

（1）这两天她不知道怎么了，动不动就哭。

（2）这儿的天气真不好，动不动就刮大风。

3．那得看怎么说

"那得看……"表示不能确定，要根据具体的情况来判断，后面用疑问词词组。

比如：

（1）甲：从这儿坐车到动物园要多少钱？

乙：那得看你坐哪路车，空调车要四块，一般的车两块就够了。

（2）甲：晚会咱们得租多大的场地？

乙：那得看请多少人来。

● 练 习

一　用正确的语调读下面的句子，并解释这些句子的意思：

1．走不了几步就到了。

2．您看着修吧。

3．我说小伙子，你这带子可有年头了。

4．一个人哪儿干得过来呀？

5．干您这行的，日子过得还可以吧？

6．抬头不见低头见的，谁好意思多收人家的钱？

7．论方便还得说是自行车。

8．买辆新车才多少钱哪？

9．这活儿有什么难的？是个人就会干！

10．谁家没几辆自行车呀？

二 替换划线部分的词语,然后各说一句完整的话或用于对话中:

1. 您看着<u>修</u>吧。

> 写
> 买
> 干

2. 有<u>三四十年</u>了

> 七八天
> 五六岁
> 十来次

3. 动不动就<u>堵车</u>

> 生气
> 考试
> 感冒

4. 论<u>方便</u>还得说是<u>自行车</u>

> 好吃　　　　饺子
> 舒服　　　　汽车
> 真心爱你的　父母

5. 那得看<u>怎么说</u>

> 是谁
> 去哪儿
> 什么时候合适

三 用指定的词语完成下面的对话,然后用它做模仿会话练习:

1. 甲:时间已经到了,小王怎么还没来?

　　乙:_____。(多半儿)

2. 甲:你最近能见到小张吗?

　　乙:_____。(一天到晚)

3. 甲：有些做父母的为了孩子，什么苦都能吃。

　　乙：是啊，_____。（宁可）

4. 甲：你能不能给我们介绍介绍考试的经验？

　　乙：_____。（要说……嘛，……）

5. 甲：入系考试是不是特别难？

　　乙：_____。（虽说……，可……）

四　完成下面的句子：

1. 凡是见过她的人，……

2. 凡是来这个饭馆吃饭的人，……

3. 凡是缺课超过四分之一的学生，……

4. 凡是学生们提出的意见，……

五　读下面的两组句子，体会划线词语在句中的意思和用法，并模仿说话：

1. 这么轻的包，你还拿不起来？

　　小王来这儿一年多了，你说他会干什么？哪样也拿不起来。

2. 城市生活离不开清洁工，可是很多人看不起他们。

　　看这场戏要花我一个月的工资，我可看不起。

六　请你说说：

1. 说出五个自行车部件的名称。

2. 请说出和修车有关的词语。

3. 为什么说"在中国的大城市里，缺了哪一行也不能缺了修车的"？

4. 谈谈从事修车等服务行业的人在社会上的地位。

5. 现在人们生活水平提高了，对修车行业有没有影响？

七　成段表达：

自行车在你们国家的利用和发展。

● **补充材料**

　　阅读下面的小对话,然后以《骑车的好处》为题,把对话继续下去:

> 甲:现在,学开车的人越来越多,你没去学学?
>
> 乙:我不赶那个时髦(shímáo)。再说,开车哪儿有骑自行车方便呢!
>
> 甲:开车快呀,从这儿到动物园,骑车要一个小时,开车去十几分钟就到了。
>
> 乙:那要是赶上堵车呢? 一个半小时也到不了。
>
> 甲:那倒是。可要是不堵车,开车还是比骑车方便。
>
> 乙:那不一定。比如说,赶上下坡路,骑车就比开车省劲儿。你有车,敢开那么快吗?
>
> 甲:可要是赶上上坡路呢?
>
> 乙:上坡嘛……省油哇!
>
> 　……

口语知识（一）

1 敬辞与谦辞在礼貌语言中的使用

　　敬辞含有恭敬口吻，多在礼貌语言中使用。带有敬辞的语句是一种比较典雅的交际语言。在人际交往中，能够准确地使用敬辞，往往被对方认为有身份、懂礼节而得到对方的尊重。比如人们初次见面的时候，常互问姓名。对方问："您贵姓？"其中"贵"字就是敬辞，表示对方对你的尊重。如果你回答："我姓李"亦无不可，可是如果你去一个公司去联系工作，你听到的更多的回答是"免贵，姓……"，这就是一个非常客气的回答，表示不敢承担这一"贵"字。"贵"字除用于问对方姓氏以外，常用于称与对方有关的事物，如"贵庚（问对方年龄）"、"贵恙（称对方的病）""贵干（问对方要做什么）"。"贵"字广泛用于外交、谈判等正式场合，这时你只能说"贵国"、"贵公司"，如果说"你们国家"、"你们公司"就显得没有礼貌。

　　"高"字也是敬辞，在问老人年龄的时候，应该说："您今年高寿？"介绍岁数大的老人："张先生八十高龄，精神还很健旺。"向对方讨教时，我们说："您有什么高见？"称呼对方的学生为"高足"；希望对方换一个新的工作说"请另谋高就"。

　　商家视顾客为上帝，因此无论是广告词还是见面语，多带有敬辞。商家希望你去他的商店，常说"敬请惠顾"；当你来到一家商店的时候，你常常会听到售货员对你说："欢迎光临"。

　　客人来你家或你去别人家里做客，特别是在长辈面前，说话应该得体，敬辞是少不了的。我们常说的："请！""请进！""请坐！""请喝茶！"这里面的"请"字就是最常用的敬辞。除此之外，"尊"、"令"、"府"等敬辞也是常常会从中国人嘴里听到的。"尊"用于称跟对方有关的人或事物。如称对方的妻子为"尊夫人"；在询问对方姓名时，也可以说:"请问尊姓大名？""令"专用于称对方的亲属或有关系的人,如"令尊（称对方的父亲)"、"令堂（称对方的母亲)"、"令兄（称对方的哥哥)"、"令郎(称对方的儿子)"、"令爱(称对方的女儿)"、"令亲(称对方的亲属)"等。"府"则敬称对方的家或老家:"改日一定到府上拜访"、"请问您府上是北京人吗？"

在人事往来中,"拜"字有时也是必不可少的。请人帮自己办事时,常用"拜托"一词。"那就拜托您了。""这封信拜托您带给他。"告诉别人自己已经读过他的作品时,说"大作已经拜读过了";到他人家里访问时,我们也应该用"拜访"一词。

除此之外,还有一些敬辞在现代礼貌语言中经常可以听到。举例来说:

"恭候":恭敬地等候。比如:"恭候光临"、"我们恭候已久了"。

"阁下":敬称对方。比如"大使阁下"、"总理阁下"。

"千金":敬称对方的女儿。

"玉照":称对方的相片。

"诸位":总称所指的若干人。比如:"诸位有什么高见？"

谦辞是表示谦虚的言辞,和敬辞相对使用。在现代礼貌语言中,主要用于以下几个方面:一是当别人夸奖自己的时候,用一些表示否定的谦辞表示客气。当别人夸奖你很能干时,一般回答说"过奖了";当别人把一种荣誉的光环戴在你的头上,如"你是最好的老师"、"你就是我的师傅"时,回答应该是"不敢当";当别人说你在某一方面做得不错时,一般中国人就会说:"哪里哪里"、"不行不行"、"还差得远呢"……诸如此类的话。而当某人将自己的写作、制品等让他人过目时,一般也要谦虚几句,如"见笑、见笑"、"献丑了"等等。二是用一些自谦的词语称呼自己或与自己有关的人或事物,如称自己的见解为"拙见"、称自己的商店为"小店"等等;在别人面前称自己的辈份高或年纪大的亲属为"家父、家兄"等。

2 礼貌语言中的客套话

客套话是中国人在人际交往中必不可少的一种礼貌语言。是人与人之间相互表示客气的交际语。

客套话主要用于以下几个方面：

1. 见面语和告别语。

在与有地位的客人初次见面时，中国人常说："久仰久仰"或"久仰大名"，意思是早就听说过你的大名，对您仰慕已久；或者说"幸会幸会"，表示能和您相见感到很荣幸。再次见面时，则用"久违"一词，表示"好久没见到您了"。

当自己有事不能陪客人时，应该说的告别语是"失陪"或"少陪"，如："对不起，我还有事，失陪了。"当客人离开时，主人送客人到一定地点后，一般说"慢走"或"不远送了"，而客人此时应说"(您)留步。"

2. 招呼语。

常用的是"劳驾"和"借光"。"劳驾"用于请别人帮自己做事或请别人给自己让路，如："劳驾，请帮我拿一下行李。""劳驾，去北京大学怎么走？""劳驾，我过去一下。""借光"也用于请别人该自己让路："借光借光，让我过去。"

3. 感谢语与道歉语。

一些客套话常用于感谢者与被感谢者之间。当某人向对方表示谢意时，可以简单地说一声"多谢"，也可以用"承蒙关照，不胜感谢"等较文雅的语句。被感谢者一般回答"不客气""不谢"等等。当某人麻烦别人为自己做事后，他所说的客套话往往兼有道谢和道歉双重意义，如："您辛苦了。""让您受累了。""让您费心了。"有时，在没有弄清对方的身份而对对方照顾不周，或未能亲自迎接客人时，可以用"失敬、失迎"之类的词语。如果自己做的不好，就要请对方"多包涵"了。

4. 用于送礼请客。

在送礼时,中国人常说的客套话是:"一点小意思,请笑纳。"而请客时,常用"赏光"一词,如:"这个周末在我家有个晚会,不知您肯不肯赏光。"

其他常用的客套话有:

"彼此彼此":表示大家都一样。比如:"——您辛苦了。——彼此彼此。"

"恭喜":祝贺别人的喜事。比如:"恭喜发财。"

"托福":意思是依赖别人的福气使自己幸运。比如:"这都是托您的福哇!"

"指正":请别人批评自己的作品或意见。比如:"有不对的地方,请多指正。"

● 练　习

一　解释下面的词语:

1. 高足	2. 令尊	3. 阁下
4. 千金	5. 玉照	6. 过奖
7. 见笑	8. 拙见	9. 久违
10. 借光	11. 留步	12. 托福

二　请准确说出下列语句的含义,并说出使用情景:

1. 免贵,姓刘。	6. 不敢当。
2. 您今年高寿了?	7. 献丑了。
3. 敬请惠顾。	8. 久仰久仰。
4. 改日拜读您的大作。	9. 承蒙关照,不胜感谢。
5. 恕不奉陪。	10. 让您费心了。

口语常用语(一)

自 荐

作为一名来中国学习汉语的外国人,除了课堂学习以外,你怎样打发你的课余生活呢?也许你希望作一名英语教师,也许你想在一个国际性的比赛中当翻译,也许你愿意到一个社会福利部门做一些力所能及的事。你怎么能够让有关部门的领导相信你有这个能力呢?重要的一点是:你应该有一定的自荐能力。下面是几段自荐范文:

(一)

你好!我是来应聘的。我的中文名字叫金迈克,我是美国人,现在在北方大学历史系进修。我听说你们这里需要一位英文老师,我想我的条件是很适合你们的。首先,我是美国人,我的英语发音当然没有问题。我在上中学的时候参加过演讲比赛,还得过奖。其次,我曾经在别的国家教过英语,有很丰富的教学经验,我知道你们的学生对美国文化很感兴趣,也想多学一些口语,我会满足他们的要求的。我现在学习不是很紧张,一个星期教两三次课没有问题。至于工作的报酬,我想这不是什么大问题。我来教英语,一是为了交一些中国朋友,二是为了了解中国文化。希望你们能够聘用我,我想你们一定不会为你们做出的这一决定感到后悔。

(二)

你们好!我是日本留学生,我叫田中由美。这次奥林匹克运动会在你们国家举行,我很高兴。希望能为你们做些什么,做什么都行。当然了，最好还是能作翻译。怎么，你们不了解我的汉语水平？告诉你们，我刚刚参加了汉语水平考试，得到了八级证书。还有，我从小就是一个体育迷，足球、排球、体操、滑冰……我样样爱看。我最喜欢的是中国的女排，我可是一个中国女排的"铁杆儿球迷"呢！只要是中国队在日本的比赛，我都要去给中国女排加油。来中国以后，我也经常看体育比赛的电视转播，有关体育比赛的专业术语我都能听懂，你们放心，我不会翻译错的。什么？你们同意考虑一下？太高兴了！谢谢！如果你们给我这个机会，我一定努力工作，不会让你们失望的。

（三）

请问，您是社会福利院吗？我是斯文森，从德国来的，现在在西南大学读研究生。我昨天在报纸上看到有关你们福利院的报道，感动得流泪了，你们的工作真不容易。我想去帮助你们。我平时学习很忙，不过我可以利用周末的时间去。做什么工作都可以，我只是想助你们一臂之力。不不不，我什么报酬都不要，我只想作一名义工。我在德国的时候，在老人院里当过义工，也在医院里长期护理过病人，在这方面我有经验。怎么，还需要面谈吗？好，这个周末，我去你们那里。只要能为你们做一些事情，我心里就满足了。那，周末见！

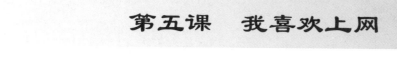

第五课　我喜欢上网

1. 你喜欢上网吗？在中国你可以在哪儿上网？
2. 上网的时候你喜欢看什么？

玛　丽：　王峰,我最近学了一首唐诗,你帮我纠正一下发音吧。(读后)你好像有点儿不舒服？

王　峰：　抱歉,昨晚没睡,刚才打了一个盹儿。

玛　丽：　为什么没睡觉？你在写论文吗？

王　峰：　我在为我的毕业论文收集有关的资料,昨晚访问了几家专业网站,想下载一些和我的研究有关的信息,可是我的电脑有了病毒,浏览速度特别慢,还老是死机,没办法,我又忙着给我的杀毒软件升级,忙了一个多小时,总算把病毒都清除了。好在收获不小,下载了不少有用的东西。

玛　丽：　能不能"资源共享"？或者你给我几个网址,有空儿我也想在网上查查有关中国历史研究方面的信息。

王　峰：没问题,我回去就上网发给你。你也可以利用咱们学校主页上的搜索引擎,查找你感兴趣的内容。

玛　丽：我真佩服你,看一夜电脑也不累? 我可比不了你,看两三个小时眼睛就受不了了。

王　峰：要是查一夜资料,谁也受不了。看累了就得调节一下,比如,看看轻松的新闻,你不是喜欢看足球、篮球比赛吗? 看看中国联赛又出了什么新闻,看看欧洲五大联赛和 NBA 的情况,这也算是一种休息吧。不过,这样的新闻有时候看起来也会上瘾,看了题目就想看内容,本来是想"课间休息",结果把"整节课"都看过去了。玛丽,你喜欢上网吗?

玛　丽：我在美国的时候差不多每天都上网,不过每次时间都不长。我比较喜欢网上购物,买点儿新书、新唱片什么的。现在我的房间里没有电脑,只能周末去网吧,也就是查查电子邮件,给亲戚朋友写写信什么的。要是有个自己的电脑,那就方便多啦,我就可以用电脑整理笔记,写作业,这对我学汉语也大有好处。

王　峰：你现在用什么方法打汉字?

玛　丽：开学的时候,我参加了计算机中心办的电脑培训班,学了几种汉字输入法。五笔字型输入法很有意思,可是对我们外国人来说比较难,拼音输入法我学了好几种,相比之下,我更喜欢全拼,现在我一小时已经能打一千多字了。

王　峰：是吗? 这样的速度,都可以在网上和中国人聊天儿了。

玛　丽：我不太喜欢在网上聊天儿,对我来说,聊天儿又耽误时间,又学不到什么东西,而且聊天儿的对象是什么样的人都不清楚。我在网上看过,很多人网名起得怪怪的,像什么"会游泳的蜜蜂",还有什么"像雾像雨又像风",真让人感到莫名

其妙,聊天儿的内容有时候也觉得挺无聊的。

王　峰： 这样的人是不少,可是网上聊天儿也没你说得那么糟。有些专业网站办得学术性很强,经常参加还是很受启发的。我就是在网上聊天儿的时候认识了几个外地的网友,我们都喜欢历史,经常在网上讨论,最近他们还打算建一个自己的有关中国历史研究的网站,吸引更多的人参加呢。

玛　丽： 这样的网站一定不错,到时候把网址告诉我,我也要登录你们的网站。

王　峰： 那你得给自己起个网名,叫什么呢?"会游泳的蝴蝶"?

● 词　语

1. 纠正	（动）	jiūzhèng	to correct
2. 抱歉	（动）	bàoqiàn	to apologize
3. 打盹儿		dǎ dǔnr	to take a nap
4. 论文	（名）	lùnwén	thesis
5. 收集	（动）	shōují	to collect
6. 网站	（名）	wǎngzhàn	website
7. 下载	（动）	xiàzǎi	to download
8. 病毒	（名）	bìngdú	virus
9. 浏览	（动）	liúlǎn	to browse
10. 速度	（名）	sùdù	speed
11. 死机		sǐjī	(of a computer) to crash
12. 软件	（名）	ruǎnjiàn	software
13. 升级		shēng jí	to update
14. 总算	（副）	zǒngsuàn	finally
15. 清除	（动）	qīngchú	to delete

16. 好在	（副）	hǎozài	fortunately
17. 资源	（名）	zīyuán	resources
18. 共享		gòngxiǎng	to share
19. 网址	（名）	wǎngzhǐ	internet address
20. 主页	（名）	zhǔyè	homepage
21. 搜索	（动）	sōusuǒ	to search
22. 引擎	（名）	yǐnqíng	engine
23. 调节	（动）	tiáojié	to adjust
24. 唱片	（名）	chàngpiàn	music disc
25. 整理	（动）	zhěnglǐ	to put in order
26. 笔记	（名）	bǐjì	note
27. 培训	（动）	péixùn	to train
28. 输入	（动）	shūrù	to input
29. 蜜蜂	（名）	mìfēng	bee
30. 雾	（名）	wù	fog
31. 莫名其妙		mòmíngqímiào	to be baffled; in explicable
32. 无聊	（形）	wúliáo	boring
33. 登录	（动）	dēnglù	to register
34. 蝴蝶	（名）	húdié	butterfly

● 注 释

1. 欧洲五大联赛	指英格兰的超级足球联赛和意大利、法国、德国、西班牙的甲级足球联赛。
2. NBA	指美国的全国篮球联赛。
3. 汉字输入法	利用汉字的拼音或某些部件来输入汉字,常见的有全拼输入法、双拼输入法、五笔字型输入法等。

● 语句理解

1. 我可比不了你

"比不了……"表示在二者中,前者在某一方面无法与后者相比。比如:

(1) 甲:为什么每次他的成绩都比我们高?

乙:你们可比不了他,他连周末都用来学习。

(2) 甲:你说北方队和南方队哪个队更厉害?

乙:北方队可比不了南方队,南方队有好几个国家队的呢。

2. 也就是查查电子邮件

"也就是……"强调数量和种类少,时间短。比如:

(1) 我看这个演员年纪不大,也就是二十多一点。

(2) 这个小饭馆的早餐品种不多,也就是包子、油条什么的。

(3) 甲:他工作几年了?

乙:时间不长,也就是一两年。

3. 相比之下

"相比之下"表示经过相互比较,(得出某种结论)。比如:

(1) 他是名牌大学毕业的,收入当然高了,相比之下,我们就很可怜了。

(2) 写信要一个多星期对方才能收到,相比之下,发电子邮件就快多了。

练 习

一 朗读下面的句子,注意"了"字不同的发音、意思和用法:

1. 我参加了计算机中心办的电脑培训班,学了几种汉字输入法。

2. 我的电脑有了病毒。

3. 忙了一个多小时,总算把病毒都清除了。

4. 现在我一小时已经能打一千多字了。

5. 这样的速度,都可以在网上和中国人聊天儿了。

6. 看累了就得调节一下。

7. 我可比不了你,看两三个小时眼睛就受不了了。

二 在横线上填出适当的词语,并分别用每个词组说一句完整的话:

输入 _____   纠正 _____   收集 _____   下载 _____   浏览 _____

登录 _____   清除 _____   搜索 _____   整理 _____   培训 _____

三 用指定的词语完成下面的对话,然后用它做模仿会话练习:

1. 甲:最近你怎么不用电脑了?
   乙:_____。(老是)

2. 甲:你想要的那个游戏软件买到了没有?
   乙:_____。(总算)

3. 甲:老师上课讲的,你都能听懂吗?
   乙:_____。(好在)

4. 甲:我现在一小时能打一千个汉字,你呢?
   乙:_____。(比不了……)

5. 甲:你看买这种型号的电脑要多少钱?
   乙:_____。(也就是……)

6. 甲:你和你的同屋,谁的汉语更好?
   乙:_____。(相比之下)

四 选用下面的词语,简单介绍电脑的一般使用方法:

保存(bǎocún) 　　删除(shānchú) 　　关闭(guānbì)

打印(dǎyìn) 　　单击(dānjī) 　　双击(shuāngjī)

电源(diànyuán) 　　开关(kāiguān) 　　键盘(jiànpán)

主机(zhǔjī) 　　鼠标(shǔbiāo) 　　磁盘(cípán)

五 下面是几个新闻网站的网址,请上网查找你感兴趣的两条本周新闻,在班里宣读:

中国中央电视台:www.cctv.com.cn

中国国际广播电台:www.cri.com.cn

中国新闻网:www.chinanews.com.cn

六 请你说说:

1. 说出五个和电脑有关的带"网"字的词语。

2. 对你来说,互联网最大的好处是什么?(收发信件、查资料、看新闻、聊天儿、玩儿游戏……)

3. 介绍一个你喜欢的网站。

4. 你会哪一种汉字输入法?简单介绍一下。

七 成段表达:

电脑与图书馆。

八 辩论:

网吧该不该对十八岁以下的青少年说"不"?

补充材料

下面这些是在网上常见的网络语言，说说在你们国家有哪些类似的网络语言。

网络语言	表示意思
3Q	谢谢
BB	宝贝
MM	妹妹
GG	哥哥

网络语言	表示意思
886	拜拜喽！
7456	气死我了
918	加油吧
360	想念你

网络语言	表示意思
美眉	妹妹，可爱的女孩
伊妹儿	电子邮件
大虾	"大侠"的谐音，指在网上呆了很长时间，对网络非常熟悉的人。

第六课　我也有考历史系研究生的打算

1. 你有没有在中国考研究生的打算？
2. 你周围的朋友有要在中国考研究生的吗？他们想考什么专业？

玛　丽：王峰，你最近忙什么呢？怎么看不见你打球了？

王　峰：现在可顾不上打球了。给人辅导都忙不过来呢！

玛　丽：我是不是占用你的时间太多？

王　峰：我不是说你。我现在在给一个华裔女学生辅导，每天都要给她辅导一两个小时，辛苦得很哪！

玛　丽：每天都要辅导吗？那真是太辛苦了。

王　峰：不辅导不行啊！这是我父亲交给我的"任务"。我父亲十五年前去美国做访问学者，和她父亲共同工作了一年。他们成了很好的朋友。现在她到中国来，想考我们系的研究生。她的汉语不太好，想突击学一下。她找到我父亲，我就义不容辞地当上她的"汉语老师"了。

玛　丽：　你说她是华裔，不就是你们说的"美籍华人"吗？

王　峰：　是啊！她爷爷年轻时去美国学习，认识了一个美国的华裔姑娘，后来他们结了婚，就在美国定居了。他们的孙女生在美国，长在美国，除了长着一张中国人的脸，和别的美国人没有什么区别。这次她就是以外国人的身份参加考试，所以要加试汉语。

玛　丽：　她是美籍华人，那她汉语应该说得不错。

王　峰：　说是能说，可是没有系统学过汉语语法，阅读汉语书籍也比较困难。她的那点儿汉语知识都是从她爷爷奶奶那里学来的，她从小跟着爷爷奶奶长大。说来好笑，她爷爷奶奶教了她不少古代汉语，所以她"之乎者也"都能分清，倒是现代汉语弄不懂，特别是口语。还有，她学的是繁体字，很多简化字不认识，只能猜，猜得也不都对。最要命的是，她没学过汉语拼音，所以还得说是个半文盲。

玛　丽：　那这次考试对她来说并不容易。她为什么不在美国读研究生呢？

王　峰：　其实，她在美国已经拿到硕士学位了，不过，也许是受她爷爷的影响，她对中国历史很感兴趣。她的父母也很支持她到中国来学习。

玛　丽：　那历史系的研究生考试难吗？

王　峰：　这要看怎么说。中国有一句俗话："难者不会，会者不难。"如果你是名牌大学历史系的本科毕业生，相对来说就比较容易。不过也不能一概而论。前几年我们系招收了一位博士生，连本科都没读过，可是他对中国历史很有研究，写了十几篇有分量的学术论文，结果系里就破格录取了。

玛　丽：　听说历史系是冷门，考历史系应该比较容易吧？

王　峰：那倒不见得。历史系的学生,要读古今中外大量的历史书籍,从考试内容看,还是很难的,有的问题你想都想不到,能考及格就算是高水平的学生了。

玛　丽：要是留学生考历史系就更难了,历史系会不会对留学生特别照顾?比如有些内容能不考吗?

王　峰：我想会有特别的要求吧,要不留学生很难和历史系的本科生竞争。可是成绩太差了也不行。要是水平不够,勉强进了历史系,将来学习也会觉得吃力的。我们系有一些留学生,包括本科生和研究生,都有学不下去中途退出的;也有最后毕业论文不能通过,拿不到学位的。

玛　丽：你知道,我对中国历史很感兴趣,下学期我要入系学习。我也有考历史系研究生的打算。

王　峰：看来我又要多一个"任务"了?

○ 词　语

1. 占用	（动）	zhànyòng	to take up (sb.'s time)
2. 华裔	（名）	huáyì	foreign citizen of Chinese origin or descent
3. 任务	（名）	rènwù	task
4. 访问学者		fǎngwèn xuézhě	visiting scholar
5. 突击	（动）	tūjī	to make a rush
6. 义不容辞		yìbùróngcí	to be duty-bound
7. ……籍		…jí	native place
8. 定居		dìng jū	to settle (down) in
9. 身份	（名）	shēnfèn	capacity status

10. 加试		jiāshì	to add (more items) to an examination
11. 系统	（名、形）	xìtǒng	system
12. 书籍	（名）	shūjí	books
13. 繁体字	（名）	fántǐzì	the original complex form of a simplified Chinese character
14. 简化字	（名）	jiǎnhuàzì	simplified Chinese characters
15. 文盲	（名）	wénmáng	illiterate
16. 硕士	（名）	shuòshì	master (degree)
17. 学位	（名）	xuéwèi	academic degree
18. 名牌	（名）	míngpái	famous brand
19. 一概而论		yígài'érlùn	(often used in the negative) to treat (different matters) all alike
20. 招收	（动）	zhāoshōu	to recruit
21. 有分量		yǒu fènliàng	weighty; significant
22. 破格		pògé	to break a rule
23. 录取	（动）	lùqǔ	to enroll; to recruit
24. 冷门	（名）	lěngmén	little-known profession, trade, or branch of learning
25. 古今中外		gǔjīn zhōngwài	at all times and in all countries
26. 及格		jí gé	to pass the exam
27. 照顾	（动）	zhàogù	to take into account
28. 勉强		miǎnqiǎng	to do with difficulty
29. 中途	（名）	zhōngtú	half-way
30. 退出	（动）	tuìchū	to quit
31. 通过	（动）	tōngguò	to pass

注　释

1. 之乎者也   "之、乎、者、也"是文言文里常用的语助词,这里用来指话语中的古汉语色彩比较浓。

2. 难者不会,会者不难   对不了解某方面知识和技能的人来说是难以掌握的,相反,已经掌握该知识和技能的人则认为并不难。

语句理解

1. 说是能说,可是没有系统学过汉语语法

"A 是能 A,可是……"表示只具备基本的能力,可是水平不高。比如:

(1) 甲:你会游泳吧?

乙:游是能游,可是游不了多远。

(2) 甲:你儿子不是会开车吗? 让他送我们去不行吗?

乙:他呀,开是能开,可是刚拿驾照不久,技术不太熟练,你们最好找别人吧。

2. 相对来说

表示经过比较后得出某一结论。比如:

(1) 因为这儿的自然环境好,周围的文化场所也比较多,所以相对来说房价比较高。

(2) 最近计算机方面的人才很受市场欢迎,相对来说,其它专业的人找工作不太容易。

3. 那倒不见得

表示不完全同意对方的说法。比如:

(1) 甲:有了钱就能生活得更快乐。

乙：那倒不见得，有钱人也有他们的烦恼。

（2）甲：你们这个工作是不是只招聘有博士学位的人哪？

乙：那倒不见得，我们更重视一个人的实际工作能力。

○ 练 习

一 朗读下面的几组句子，注意划线部分词语的不同：

（一）1. 她的汉语<u>不太好</u>。

2. 今天的天气<u>太不好</u>了。

（二）1. 你说她是华裔，<u>不就</u>是你们说的"美籍华人"吗？

2. 我<u>就不</u>是你们说的那种小气的人。

（三）1.（你）猜得<u>也不都</u>对。

2. 他写得不对，你们写得<u>也都不</u>对。

（四）1. 有些内容<u>能不</u>考<u>吗</u>？

2. 我们这样的人<u>不能</u>考<u>吗</u>？

二 用指定的词语完成下面的对话，然后用它做模仿会话练习：

1. 甲：好久没看见你下棋了。

乙：＿＿＿＿＿＿＿＿＿＿＿＿＿＿＿。（顾不上）

2. 甲：你说过八月底交工作报告，现在都九月了，怎么还没交来？

乙：＿＿＿＿＿＿＿＿＿＿＿＿＿＿。（忙不过来）

3. 甲：你干吗非要吃这么贵的药？

乙：＿＿＿＿＿＿＿＿＿＿＿＿＿＿＿。（不……不行啊）

4. 甲：师傅，你看这车还能修吗？

乙：_____。（……是能……，可是……）

5. 甲：我想考研究生，你说哪个专业比较容易考？

乙：_____。（相对来说）

6. 甲：这么有名的饭店，菜价一定特别贵。

乙：_____。（那倒不见得）

三　下面是一些常用的俗话，请查词典或向朋友请教，说说这些俗话的意思：

（1）人人为我，我为人人　　（2）真人不露相，露相不真人

（3）福中有祸，祸中有福　　（4）便宜没好货，好货不便宜

四　下面是某大学中文系汉语言文字专业硕士研究生部分选修课课程，如果你是这一专业的研究生，你打算选修下面哪些课程？为什么？

历史语言学		应用语言学研究	
心理语言学		现代汉字学	
社会语言学		语音试验研究	
计算语言学		普通话语调研究	
现代语义学		北京话语音研究	
语言类型学		汉语虚词研究	
语言与文化		汉语词类研究	
外国语言学史		语法分析方法论	
语言研究方法论		词汇的分析与描写	
社会语言学		汉字教学研究	
中国语言学史		语音教学研究	
古文字研究		词汇教学研究	
汉语修辞学		语法教学研究	
汉语信息处理		对外汉语教学方法	

五 请你说说：

1. 在你的国家考研究生,哪些专业是热门专业? 哪些是冷门专业? 为什么?

2. 如果在中国考研究生,你打算考哪个专业? 为什么?

3. 如果有人想考你所在大学(或你们国家某一所大学)的研究生,请你介绍一下有关信息。

六 成段表达：

我为什么(不)想读研究生。

七 参考本课所学语句进行辩论,尽量用上以下语句：

(1)……是能……,可是……

(2)相对来说

(3)那倒不见得

论题:学位越高,水平越高,找工作越容易。

第七课　今天是青年节

1. 在你的大学里有些什么学生团体? 你对哪些团体感兴趣?
2. 在你居住的城市里常举办哪些社会公益活动?

（青年节这天，玛丽在校园里遇到王峰，王峰骑着一辆平板车，车上装满了衣物……）

玛　丽：　王峰，你这是去哪儿啊?

王　峰：　去学生会送衣服。

玛　丽：　谁的衣服? 这么多!

王　峰：　这是我们班同学捐的衣服。

玛　丽：　捐给谁的?

王　峰：　给灾区呀! 你没听说吗? 中国南方有个地区发生了水灾，老百姓的东西都冲走了。看了电视上的报道，大家都觉得该为灾区的人做点儿什么。校学生会组织大家捐衣物，同学们都挺响应的,你看,一下子捐了这么多。

玛　丽：我说今天大家怎么都忙忙碌碌的,原来都在做这件事啊!

王　峰：也不全是。今天是青年节,学生会组织了很多活动。你要不要跟我去看看热闹儿?

玛　丽：光看热闹儿还行?我怎么也该为你们出点力呀!这样吧,我帮你推车,行吗?

(学生会门口。)

主　席：(对玛丽)谢谢你来帮助我们。

玛　丽：谢我什么呀?我也没做什么。

主　席：你为我们出了力,我们当然要感谢你了。

玛　丽：说这话可就见外了,别忘了,我也是咱们学校的学生啊!对了,说到捐东西,我想起来在报纸上常看到"希望工程"这个词,说有很多人为它捐款,什么是"希望工程"啊?

主　席：在中国一些贫困地区,因为没有钱建学校,孩子们要到很远的地方上学;另外,有的孩子因为家里穷,买不起书本,只好中途退学。"希望工程"就是用大家捐来的钱建一些学校,或者资助贫困学生,让他们能继续学习。

玛　丽：这个办法再好不过了。

(远处传来一阵锣鼓声,玛丽、王峰他们都被吸引过去)

玛　丽：他们在干什么?好像是在唱京剧。

王　峰：他们是学生剧团的,今天在这儿演出,既可以宣传他们的成果,又可以吸引大家参加他们的剧团。

玛　丽：咱们学校里这样的团体多吗?

王　峰：不少。有京剧团、合唱团、歌舞团、学生乐团,还有文学社、登山协会、武术协会,至于各种运动队那就更多了。这些团体丰富了学生的课外生活,没有一个学生不喜欢。他们今天都会组织一些活动,发展新会员,把更多的学生吸收到他们的组织里。

玛　丽：怪不得今天校园里这么热闹呢!王峰,你今天还有什么事要做吗?

王　峰：要做的事可多了,我忙得都转不开身了。一会儿我要去参加红十字会义务献血的街头宣传;下午我们系要参加学校举行的拔河比赛,中午得找人组织一个拉拉队;晚上还得排练合唱,过几天要比赛。我现在真恨不得变成两个我。

玛　丽：我也想参加你们的活动。

王　峰：那你下午有空儿去给我们的拔河比赛加油助威吧,有好几个你认识的朋友都是我们拔河队的。

玛　丽：那我得去。哎,我毛遂自荐,当你们的拉拉队长怎么样?

● 词 语

1. 捐	（动）	juān	to contribute; to donate
2. 灾区	（名）	zāiqū	disaster area
3. 水灾	（名）	shuǐzāi	flood
4. 冲	（动）	chōng	to wash away; to flush
5. 报道	（名）	bàodào	news report
6. 响应	（动）	xiǎngyìng	to respond
7. 忙碌	（形）	mánglù	busy
8. 看热闹儿		kàn rènaor	to watch the fun
9. 出力		chū lì	to put forth one's strength

10. 主席	（名）	zhǔxí	chairman
11. 见外	（动）	jiànwài	to regard sb. as a stranger
12. 贫困	（形）	pínkùn	poor
13. 建	（动）	jiàn	to build
14. 退学		tuì xué	to leave school
15. 资助	（动）	zīzhù	to aid financially; to subsidize
16. 剧团	（名）	jùtuán	troupe
17. 宣传	（动、名）	xuānchuán	to publicize
18. 成果	（名）	chéngguǒ	accomplishment
19. 团体	（名）	tuántǐ	group; organization; club
20. 合唱	（名）	héchàng	chorus
21. 乐团	（名）	yuètuán	philharmonic orchestra
22. 协会	（名）	xiéhuì	association
23. 会员	（名）	huìyuán	member
24. 吸收	（动）	xīshōu	to admit; to recruit
25. 义务	（名）	yìwù	voluntary
26. 献血		xiàn xiě	to donate blood
27. 拔河		bá hé	tug-of-war
28. 排练	（动）	páiliàn	to have a rehearsal
29. 助威		zhù wēi	to encourage (by cheers or applause)

注 释

1. 转不开身	指忙碌的程度，忙得顾了这边顾不了那边。
2. 红十字会	1864 年 8 月由瑞士发起成立，以其创始人亨利·杜南的诞辰日 5 月 8 日为世界红十字日，主要进行宣传、募捐、慰问孤老病残、提供义务医疗咨询和诊断等活动，每年的活动都有一个主题。
3. 毛遂(suì)自荐(jiàn)	比喻自己推荐自己。

1. 我说今天大家怎么都忙忙碌碌的,原来都在做这件事啊

   "我说……怎么……,原来……"表示原来对某事感到奇怪,现在找到了原因。比如:

   (1) 我说今天怎么那么冷呢,原来下雪了。

   (2) 甲:今天有一位外国总统来我们学校参观。

   　　 乙:我说学校里怎么有那么多车呢,原来是大人物来了。

2. 我怎么也该为你们出点力呀

   "怎么也……"表示"无论如何也……",后面多与"该、得"等词语搭配。比如:

   (1) 坐出租车去飞机场怎么也得一个小时。

   (2) 这么大的事情,你怎么也该跟我商量商量啊!

3. 这个办法再好不过了

   "再……不过了"表示程度到了极点。比如:

   (1) 甲:我帮你买火车票。

   　　 乙:那再好不过了。

   (2) 甲:这次考试你觉得怎么样?

   　　 乙:再容易不过了。

4. 我现在真恨不得变成两个我

   "恨不得"表示急切地希望实现某种事情。比如:

   (1) 我的女朋友打电话说她最近来中国,我恨不得马上见到她。

   (2) 这本小说内容太无聊了,我真恨不得把它扔了。

● 练 习

一 朗读下面的句子,体会划线部分的意思:

1. 这部电影是关于大学校园生活的,<u>没有一个学生不喜欢</u>。

   (每个学生都喜欢这部电影)

2. 这里所有的唱片都是最流行的,<u>没有学生不喜欢的</u>。

   (这些唱片学生都喜欢)

3. 我对每个学生的态度都是一样的,对我来说,<u>没有不喜欢的学生</u>。

   (我对他们平等对待)

4. 这个老师上课很有趣,<u>学生没有不喜欢的</u>。

   (所有的学生都喜欢听他讲课)

二 完成下面的句子,体会"我说……怎么……,原来……"的用法:

1. 我说她怎么好几天没来了,原来……

2. 我说最近怎么见不到他,原来……

3. 我说小王怎么瘦了,原来……

4. 我说你们怎么都笑了,原来……

三 用指定的词语完成下面的对话,然后用它做模仿会话练习:

1. 甲:这家饭馆的菜贵吗?

   乙:_____。(再……不过了)

2. 甲:我真不知该怎么感谢你。

   乙:_____。(见外)

3. 甲:你怎么不让老李帮助你?

   乙:_____。(转不开身)

4. 甲:你的电脑怎么老死机啊?

   乙:_____。(恨不得……)

5. 甲：你觉得这儿的环境怎么样？

乙：_____。（既……又……）

6. 甲：学好汉语需要多长时间？

乙：_____。（怎么也……）

四　模拟采访：

学生互相配合(pèihé)，以"各报记者"身份，采访以下几位人物：

1. 一位老人把自己一生攒(zǎn)下的钱捐给了"希望工程"。采访这位老人；

2. 一家公司向地震(dìzhèn)灾区捐款 100 万元。采访这家公司的总经理；

3. 采访某学生团体的负责人。

五　请你说说：

1. 在你们国家，人们对不同情况的受灾者常提供(tígōng)什么形式的帮助？

2. 你周围的人对社会公益(gōngyì)活动，比如街头募捐(mùjuān)，怎么看？

你是否愿意参加这种活动？

3. 你最希望参加或组织一个什么样的学生团体？为什么？

4. 在你们国家有没有青年节这样的节日？节日那天都有什么活动？

六　竞选演说：

你现在要竞选学生会主席，请发表演说，提出你的竞选目的和改革计划等等。

分角色朗读下面的小品：

募捐箱前

马路边有一则募捐启事和一个募捐箱，几对青年男女先后来到这里。

男甲：嘁！要钱要到这地方来了！现在的人，真会想花招儿！(一脚踢翻募捐箱，箱里撒出一些钱来)哟嘁！真有给钱的！

女甲：真没想到你是这样的人！连起码的同情心都没有！我看咱们还是算了！(转身离去)

男甲：(拦住女甲)亲爱的！你别误会！我不是没有同情心，我以为他们是在骗人！我不是舍不得钱,街上的社会福利奖券我买了几百块钱的呢！要是你愿意,捐点儿钱算什么！亲爱的！你别误会！你别误会呀！(追下)

男乙：唉！这家也真够倒霉的！大冬天的，家里着了火,上哪儿去住哇？大家是得帮着想想办法。不过,就靠这小小的募捐箱也解决不了多大的问题。

女乙：那你说怎么办？

男乙：政府部门应该开个会帮助解决嘛。有关部门的领导应该好好研究一下,尽快拿出切实可行的办法来。

女乙：哼！说了半天，全是空话！等你的好办法拿出来，人家早冻死了！

男乙：这种事也不能太着急！钱的事不能一个人说了算，不开会研究怎么行呢？

女乙：你这个人哪！整天"研究、研究"，研究出什么来了？都是空话！当初你答应给我买金表、金戒指、金项链，到现在一样儿也没买！谁愿意和你这种说空话的人一起过日子！(气冲冲地下)

男乙：哎！你怎么说走就走哇！买金项链不是个小问题，得好好商量商量！你别急着走，咱们再商量商量！(追下)

男丙：人家给得起，咱也不能落后！(从钱包里掏出一大摞钱往募捐箱里一扔)怎么样？我这人够仗义的吧？

女丙：(不高兴地)你是够仗义的！你有钱，也不管认识不认识，一伸手就是几百块！花钱这么大手大脚，早晚有没钱的那一天！我可不愿意和一个败家子过一辈子！咱们还是各走各的路吧！

男丙：你看！好心没好报！哎！你别走！结婚以后让你当家还不行吗？喂！你别走哇！(追下)

第八课　谁不想让自己的孩子上大学呀?

热身话题

1. 你做过家庭教师吗? 你为什么要做(或者不愿做)一个家庭教师?

2. 在你们国家,中小学生学习负担重吗?每天要学习多长时间?

　　(玛丽去商店买东西,发现街头有不少人围住几个大学生模样的人在谈着什么。她好奇地挤进人群,竟意外地发现这里有和王峰同宿舍的历史系研究生李阳。)

玛　丽: 李阳,你们在这儿干吗呢?

李　阳: 今天没课,帮着"勤工助学中心"介绍家教呢。(说着,用手一指桌上写着"家教介绍"的牌子)

玛　丽: 什么是"家教"?

李　阳: 就是到人家里去做家庭教师啊,主要是给中小学生辅导。

玛　丽: 都辅导什么呀?

李　阳: 英语啦、数学啦什么的……对不起,稍等一下。(对身旁一位

妇女)请问,您想找个家教吗?

妇　女：　是啊,孩子他爸一直说给孩子找个家教,可又不知到哪儿去找,这下好了。你们都是大学生吧?

李　阳：　不光是大学生,还有研究生呢。您看,这是我们学校的证明,这是我的学生证。

妇　女：　这我就放心了。我的孩子快上初中了,他的英语成绩一直不好,我和孩子他爸又都不懂英语,所以想请你们帮个忙,教教他怎么学,看看他到底有什么问题。

李　阳：　行啊,我们这里有不少学生都是英语系的。您要是决定了,请填一下儿这张表,您有什么要求,都可以写在上面,我们会尽力满足的。

妇　女：　(看了玛丽一眼,犹豫地小声问李阳)她也是来做家教的吗?

李　阳：　(笑)如果她愿意,当然可以喽。对不起,开个玩笑,她是我们学校的外国留学生。

妇　女：　(对玛丽)真不好意思,让您见笑了。

玛　丽：　没关系。我正想问问您呢。像您这样给孩子请家教的多吗?

妇　女：　可不少。我们楼里有孩子的几家,差不多都请了,有的还请了两三个呢。我和孩子他爸文化水平都不高,孩子的学习没人指导哪儿行啊!

玛　丽：　孩子的学校里不是有老师指导吗?

妇　女：　有是有,可一个班四十几个学生,老师哪儿照顾得过来呀?还是找个家教,一对一地辅导好。

玛　丽：　请家教的费用贵吗?

妇　女：　一周辅导一两次,一般家庭还是负担得起的。再说,现在一家就这么一个孩子,多少钱也得花呀,为了孩子嘛!

玛　丽：　我听说现在中小学生学习挺辛苦的,每天放学以后还要做很多家庭作业,再请人给他辅导,不是增加孩子的学习负担了吗?

妇　女：　话是这么说,可有什么办法呢?现在考初中竞争可激烈了,听说平均每门课要考九十七八分才能考上一所好中学。

玛　丽：　考中学就这么紧张,那考大学该怎么办哪?

妇　女：　那就更别提了!我们现在也想不了那么多,走一步算一步吧,到时候再说。有时候看孩子写作业,写着写着就睡着了,我这心里也怪心疼的,可还是得咬着牙把他叫起来接着写,老师留的作业不完成哪儿行?

玛　丽：　想不到你们上小学的孩子就这么累。我们那儿的小学生放学回到家就没什么作业了,学校的学习也很轻松,老师常常带孩子们参观、做游戏,我记得我小时候就挺爱上学的。

李　阳：　我们有些地方和你们不太一样。那些做父母的,谁不想让自己的孩子上大学呀?望子成龙嘛!可是大学招生的人数比想上大学的人数少得多,不使劲儿怎么行呢!考上大学,全家光彩;考不上大学,连家长都觉得丢脸。

玛　丽：　这样对孩子的压力实在太大了。青少年正是长身体的时候,整天埋在书堆里可没好处。

妇　女：　这道理谁都明白,可一看人家都这么做,咱也不能落后哇!就这么你比我,我比你,越比越忙,苦的可就是孩子了。哎呀!光顾说话了,表还没填呢。(低头填了表上的内容,交给李阳)你们找到人以后,就打这个电话和我联系吧,再见!

李　阳：　(望着妇女的背影)这些当父母的可真不容易呀!很多教育家都在呼吁减轻学生的学习负担,政府也做过一些规定,可是现在大部分学校上课的内容主要还是为了应付升学考

试，学生大多把时间花在背书上，实际动手操作的机会不多。我真希望我们国家在教育方面能改革改革，多给孩子们一些玩儿的时间。其实有时玩儿也是一种学习。

玛 丽： 到那时候，你们不是要"失业"了吗？

李 阳： 可对社会来说是好事啊！其实，我们很多大学生做家教，并不完全是为了钱，而是为了多了解社会，和各种各样的人打交道。咱们学校有个"勤工助学中心"，专门帮大学生、研究生联系各种工作。我今年寒假就在一个计算机公司工作了一个多月，收获还真不小。

玛 丽： 真的吗？下次再有这样的机会，别忘了叫上我。

● 词 语

1. 模样	（名）	múyàng	appearance; look
2. 人群	（名）	rénqún	crowd
3. 竟	（副）	jìng	unexpectedly
4. 意外	（形）	yìwài	unexpected
5. 证明	（名）	zhèngmíng	certificate
6. 初中	（名）	chūzhōng	junior middle school
7. 尽力		jìn lì	to try one's best
8. 犹豫	（形）	yóuyù	to hesitate
9. 喽	（助）	lou	(used after a verb or adjective to indicate completion of work or change)
10. 见笑	（动）	jiànxiào	to laugh at(me or us)
11. 指导	（动）	zhǐdǎo	to guide

12. 负担	（动、名）	fùdān	to bear；burden
13. 激烈	（形）	jīliè	(of action and argument) intense；sharp
14. 平均	（形）	píngjūn	average
15. 所	（量）	suǒ	(measure word for buildings)
16. 心疼	（动）	xīnténg	love dearly
17. 放学		fàng xué	school lets out
18. 望子成龙		wàngzǐchénglóng	hope for the best future for your children
19. 招生		zhāo shēng	to recruit students
20. 使劲		shǐ jìnr	to put in more effort
21. 光彩	（形）	guāngcǎi	honourable
22. 压力	（名）	yālì	pressure
23. 埋	（动）	mái	to bury
24. 堆	（名）	duī	pile
25. 落后	（形）	luòhòu	to fall behind
26. 背影	（名）	bèiyǐng	a view of sb.'s back
27. 呼吁	（动）	hūyù	to appeal；to urge
28. 减轻	（动）	jiǎnqīng	to lighten
29. 应付	（动）	yìngfù	to deal with
30. 升学		shēng xué	to enter a higher school
31. 背	（动）	bèi	to recite; to remember
32. 操作	（动）	cāozuò	to operate
33. 改革	（动）	gǎigé	to reform
34. 失业		shī yè	to lose one's job
35. 打交道		dǎ jiāodao	to have dealings with

注 释

1. 勤(qín)工助学	学生利用业余时间为社会做一些工作,获取适当报酬以提高生活水平。
2. 孩子(他)爸	中国一些地区(主要在农村)有子女的妇女对自己丈夫的称呼。

语句理解

1. 让您见笑了

客气话,为自己的错误而感到抱歉,有时也用于表示谦虚。比如:

(1)甲:你把"网上聊天儿"说成"晚上聊天儿"了。

乙:哦,是吗?让你见笑了。

(2)甲:我看过你最近发表的小说了,写得真不错。

乙:写得不好,让你见笑了。

2. 话是这么说,可有什么办法呢

"话是这么说,可……"意思是"你说的虽然有道理,可是……"比如:

(1)甲:钱不是万能的。

乙:话是这么说,可没有钱是万万不能的。

(2)甲:你的课那么多,打工会影响学习的。

乙:话是这么说,可要是不打工,学费从哪儿来呀?

3. 走一步算一步

指没有长期打算,只考虑眼前。比如:

(1)甲:你们俩都没有正式工作,结婚以后怎么生活呢?

乙:现在想不了那么多,走一步算一步吧。

(2)甲:听说现在学这个专业,毕业以后找工作很难。

乙：有什么办法呢？走一步算一步吧。

4．到时候再说

表示现在暂时不作考虑，等事情发生时再作打算。比如：

(1) 甲：你们什么时候给我换一个房间哪？我的房间热死了！

乙：现在没有空房间，什么时候有也不知道，到时候再说吧。

(2) 甲：不带饭，到山上吃什么呀？

乙：到时候再说吧，带着饭爬山多麻烦哪！

练 习

一 "喽"是"了"和句尾语气词"噢(o)"的合音字，类似的合音字还有"啦(了＋啊)"、"嘞((lei)(了＋诶(ei)))"。朗读下面的句子，注意其中的合音字：

1. 考完喽！

2. 出太阳喽！

3. 太好啦！

4. 这下你可以放心啦！

5. 好嘞！就这么办。

6. 上课嘞！快进来！

二 用指定的词语完成下面的对话，然后用它做模仿会话练习：

1. 甲：今天的作业又是造句吧？

乙：_____。（不光……，还有……）

2. 甲：这么多书不带回国，多可惜呀！

乙：_____。（话是这么说，可……）

3. 甲：你今天上课怎么没精神？昨天晚上没睡好吧？

乙：_____。（……着……着就……了）

4. 甲：你老不交房租,房主会不会让你走？

   乙：_____。(走一步算一步)

5. 甲：平时不记笔记,考试的时候你怎么办哪？

   乙：_____。(到时候再说)

三　在课文中找到下面这些句子,分析说话人的心态：

1. 你们都是大学生吧？

2. 这我就放心了。

3. 我们楼里有孩子的几家,差不多都请了。

4. 现在一家就这么一个孩子,多少钱也得花呀,为了孩子嘛！

5. 话是这么说,可有什么办法呢？

6. 我们现在也想不了那么多,走一步算一步吧,到时候再说。

7. 这道理谁都明白,可一看人家都这么做,咱也不能落后哇！就这么你比我,我比你,越比越忙,苦的可就是孩子了。

四　请你说说：

1. 如果你是一个中国孩子的家长,你又没有时间或没有能力辅导自己的孩子,你会为孩子请家庭教师吗？为什么？

2. 你了解多少有关中国教育方面的情况？(比如实行几年义务教育,小学、中学、大学和研究生的学制,各种专科学校,有关成人教育的学校以及学费等等。)

五　在回答下列问题时,注意正确使用问句中划线部分的词语：

1. 当一个过路人遇到困难时,你会尽力帮助他吗？

2. 在什么情况下,你会劝你的朋友不要犹豫？

3. 你平均每天学习多少小时？

4. 什么东西坏了你会感到心疼？

5. 你觉得现在学习的压力大不大？

6. 如果你现在有机会在报上发表一篇文章,你将向社会呼吁什么？

六　读下面的小小说，说说孩子为什么做那样的梦？

总统梦

作者　谌容

"胖胖，快起来！"

"天还没亮呢——"

"你昨晚保证了，早晨起来把作业做完哪！"

"嗯——嗯，人家刚做了个梦……"

"别说梦话了，快穿衣服，看你爸打你！"

"妈，我真的做了个梦嘛！"

"好，好，好孩子，听妈的话，快着，抬胳膊！"

"我梦见呀，我当了总统……"

"算术不及格，还当总统呢！伸腿儿！"

"不骗您，我还下了一道命令呢！我……"

"伸脚！"

"管学校的大臣(dàchén)跪在我面前，我坐在宝座上，可威风(wēifēng)啦！我命令：给老师的孩子作业留得多多的！"

七　成段表达：

1.你认为你们国家的教育制度中哪个方面应该改革？

2.谈谈你对"望子成龙"的理解和看法。

口语知识（二）

1 现代汉语口语中的禁忌语与委婉语

禁忌自古有之。古时候，由于人们对许多自然现象缺乏了解，产生畏惧心理，因此产生各种各样的禁忌，认为触犯了这些禁忌，就有可能招来灾祸。随着科学的发展，人们逐渐认识了自然现象的规律，对此不再具有惧怕的心理，一些禁忌也就随之消亡了。但是，有些禁忌形成多年，在一些人的心里作为一种根深蒂固的习惯保留着，如果别人说话触犯了禁忌，会在他们心中造成不愉快的阴影。因此，在人际交往中，了解某一国家、某一民族的禁忌，尽量不说使人反感的禁忌语，是十分必要的。

在中国，最热闹的节日是春节。春节是个喜庆的节日，忌说"死、鬼、杀、病"等不吉利的话，认为新年的第一天说这些不吉利的字眼，会使这一年的生活变得不吉利。遇到必须要说这一现象时，往往要用其他相关的词语代替。

人的一生有喜事，也有丧事。人总是要死的。死本是一种正常的自然现象。但是当你的朋友家里死了人，你去吊唁、去慰问的时候，一般不要说"死"这个字。在汉语中，关于"死"，有很多替代语。比如在北京，人死了，家里人告诉别人这一消息时，一般说"老了"、"走了"、"过去了"。比如：

甲：您父亲好点儿了吗？

乙：他老人家已经过去了。

甲：什么时候走的？

乙：今天早上。

当一位老人得了重病，即将去世时，子女们往往会聚在一起讨论老人的后事。这时大家谈论的是"老人百年之后我们怎么办？"而不能说"老人死了以后……"。

当一位受到大家尊重的人去世以后，人们在怀念他的时候，也要避开"死"的说法，常见的说法有："停止了呼吸"、"告别了人世"、"离开了我们"、"与我们永别了"等等。

一些与死人有关的事物，也要用其他词语代替，比如说"太平间（停放死人尸体的房间）"、"寿衣（给死人穿的衣服）"、"寿材（棺材）"等。

不同民族有不同的禁忌习惯，如有些民族忌吃猪肉，也讳言"猪"字及和"猪"有关的谐音字。

不同行业会有各自适用的禁忌语，比如摆渡的人怕说"沉"、"翻"等字眼和谐音字，所以说到姓"陈"会说"耳东"；养蚕怕蚕瘟，所以把"温度计"说成"寒暑表"等。不同方言系统内，由于受生活习俗和语言使用习惯的影响，禁忌语也有鲜明的地方色彩。

此外，不礼貌的语言也被当做一种禁忌语，如直呼长辈的名字，在交往中使用不礼貌的称呼等等。

委婉语与禁忌语是紧密相关的。最初的委婉语是因禁忌回避的需要而产生的。在很多情况下，人们在人际交往中，为了不触犯禁忌，采用一些委婉的说法。上面我们谈到的关于"死"的替代说法，就是一例。

关于性与排泄及人体某些隐秘部位的委婉语是委婉语中极具代表性的一类。在传统中国，人们一直把"性"看做是不可谈及的、难于启齿的、最忌讳的字眼，因此产生很多替代说法。如男女两人发生性关系，人们常使用替代的词语，比如："他们俩虽然领了结婚证，可到现在还没有同房"；"既然是夫妻，当然要过夫妻生活"；"他竟然说要和我睡觉"；"他们俩已经那个了"；"怎么？你们已经上过床了？"等等。这里面的"同房、夫妻生活、睡觉、那个、上床"等都是"性关系"的委婉说法。

人的排泄行为也被人们看做是肮脏的,不能当人面说的,因此去厕所以及排泄行为多用替代语。比如"我去一下洗手间";"我去方便一下";"她去一号了";"休息几分钟,大家解个手"等。更有年轻人说"我去放松放松""我去打个电话"等来掩盖自己所要做的排泄行为。至于人体某些隐秘部位,人们更多地用"下身""那个地方"等来代替。

关于相貌及身体缺陷,为避免刺激他人,在人际交往中也形成了一些委婉的说法。如对一个人说他"胖",难免会使对方难堪,因此描述一个人胖就要说他"富态";提醒一个人比过去胖了要说"你最近可有点儿发福了"。对残疾人也要根据具体情况用适当的委婉语来描述,比如"腿脚不方便""眼睛不好使"等。如果说"腿瘸、眼瞎"就很不礼貌了。

委婉语由于具有含蓄曲折的特点,加大了说话人的表达和听话人的理解之间的距离,所以使用时要注意语言环境和谈话的对象,要准确得体,否则可能适得其反,甚至会招来意想不到的麻烦。

不管是委婉语还是禁忌语,都包含固定表达和临时借用两种形式,换句话说,就是有的话语经过长期的使用,在现代汉语中只具有委婉语和禁忌语一个义项,比如"洗手间"、"永别"等。有的话语只有多个义项中的一个才具有委婉语或禁忌语的义项,比如"睡觉",只有在特定语境中才有"男女发生性关系"的义项,"走了"也只有在特定语境中才有"去世"的义项。

② 警句、格言在现代汉语口语中的使用

格言和警句是比较精炼而含义深刻动人的语句,有些在民间流传已经上千年了,但是由于这些格言警句带有劝戒和教育意义,时刻提醒人们该如何学习、如何生活和如何与人交往,深受人们喜欢,因而流传至今。在当今社会,当人们教育后代、告诫朋友时,也常将这些脍炙人口的话挂在嘴边。

格言和警句的出处，主要有以下几个方面：一是来自于名人名言，人们觉得说得有理，就拿来教育后代。比如"三人行，必有我师"就是《论语》中的话，教育人们要多向周围的人学习。二是取之于古代诗句。像"少壮不努力，老大徒伤悲"，是汉代乐府诗中的两句，告诫人们趁年轻多学一些知识，免得老来后悔。三是从民间故事中生成，如"只要功夫深，铁杵磨成针"，就是根据李白少不更事，逃学途中遇到一个老婆婆，用铁杵磨针的比喻告戒李白无论做什么事，只要努力去做，就一定能成功的道理。四是人们在长期生活中根据所得的经验总结出的道理，这部分格言与警句占大多数。

在格言和警句中，常提醒人们学习的重要。如："活到老，学到老"，"学而不厌，诲人不倦"，"有志者，事竟成"，"书山有路勤为径，学海无涯苦作舟"等等。

在如何对待生活方面，相关的格言与警句也很多。像"一寸光阴一寸金，寸金难买寸光阴"，提醒人们珍惜时间；"一年之计在于春，一日之计在于晨"，告诫人们无论做什么事应该早做安排。

在格言和警句中，更多的是教导人们怎样处理好人与人之间的关系。如"良言一句三冬暖，恶语伤人六月寒"，"酒逢知己千杯少，话不投机半句多"，"路遥知马力，日久见人心"等等。

更重要的，格言与警句教会人们做人的准则。如"虚心使人进步，骄傲使人落后"等。

当然，随着社会的发展，一些传统的思想道德现在看来已经落后了，不符合现代人的生活准则。如"人贫志短，马瘦毛长"，"各人自扫门前雪，休管他人瓦上霜"，"人为财死，鸟为食亡"之类的话，就要用批评的眼光看待了。

一　说出下列词语的意思：

1. 永别了
2. 太平间
3. 去一号
4. 发福
5. 同房
6. 百年之后
7. 寿衣
8. 解手

二　试解释下列句子的意思，说出使用情景：

1. 严师出高徒
2. 言教不如身教
3. 读书破万卷，下笔如有神
4. 功夫不负有心人
5. 人心齐，泰山移
6. 三个臭皮匠，赛过诸葛亮
7. 良药苦口利于病，忠言逆耳利于行
8. 若要人不知，除非己莫为
9. 善有善报，恶有恶报
10. 有钱能使鬼推磨

口语常用语（二）

陈述

在生活中，常常会发生一些不如意的事情，如丢失钱包、行李，发生交通事故，房间失火、走水等等。遇到上述这些麻烦事，有时需要当事人向有关方面的调查者讲述事情的经过，这时能不能将事情经过完整地说清楚对合理地解决事情是相当重要的。我们来看看下面的几段陈述。

（一）

您是这家快餐店的经理吗？我在你们店就餐的时候丢了书包，对！我想是被人拿走了。

事情的经过是这样的：刚才我和我的朋友到这儿来吃饭，我的朋友把红色的书包放在椅子上，到前边去排队。他交完钱，我看他买的东西比较多，所以就过去帮他拿。前后也就是一两分钟的工夫，我发现他放在椅子上的书包不见了。我赶快问门口的保安，刚才是不是看到一个拿红书包的人出去，他说没看见。我又问旁边打扫卫生的服务员，她也说没看见。请您帮我向周围的人了解一下。这里吃饭的人并不多，我想一个人拿一个非常显眼的红书包出去，不会没有人注意到。我们真的很着急，因为书包里有我们非常重要的证件，还有今天晚上的飞机票。我们是在你们这儿用餐的时候丢的书包，我想你们有责任帮我们解决。

（二）

警察先生，我刚才骑自行车从后边过来，那个穿黑色 T 恤衫的小伙子从右边的胡同里骑车带着一个姑娘出来，冲着我就撞过来了。我急忙按车铃，并且大声地提醒他们注意，可是两个人说说笑笑，根本没往我这边看，我赶紧刹车，可是已经来不及了。他们的车一下子撞在我的前轱辘上，他们俩倒没事，把我可撞惨了，正好倒在马路中间，幸好当时旁边没有汽车，要不，我这条命就完了。我现在感觉头有点儿晕，腿也摔青了。还有这自行车，您看，都撞成这样了。您看该怎么处理吧。

（三）

这事都怪我们。昨天晚上，天气特别冷，可是房间里还没生暖气。我和我的同屋冻得实在受不了了，就点着了一个电热炉。后来楼里停电了，我们就赶快钻进被窝里，却忘了关掉电热炉。夜里，电来了，电热炉又着了，因为电热炉离床太近，把我的被子烧着了。可是我们俩睡得太死，等我们醒来的时候，火已经很大了。我们迷迷糊糊地从房间里跑了出来，看着房间里的大火，我们都吓呆了，也忘了报警。后来消防车来了，别人给我们送来了衣服，我们才发现身上只穿了一身睡衣。我知道我们惹了大祸，真是后悔死了。我们对不起大家。唉！现在说什么也晚了。

第九课　买车不如租车

1. 你有驾照吗？你喜欢自己开车吗？
2. 你有没有过租车的经历？

(玛丽在马路边等出租车，一辆汽车在玛丽身边停了下来。)

王　峰：(从车里探出头来)玛丽！

玛　丽：(吃惊地)是你呀，王峰。开上"奔驰"了？真威风啊！

王　峰：这可不是我的，是跟朋友借的。你去哪儿？

玛　丽：我想去买个手机。

王　峰：坐我的车去，敢不敢？

玛　丽：那有什么不敢的！不过，你是新手，开车可真得小心点儿。

王　峰：你放心，我不是第一次开车。不瞒你说，我上星期还开车上了一趟高速公路呢！

玛　丽：你自己开的车？

王　峰：当然了！……不过有师傅坐在我旁边。

玛　丽：我说嘛！

王　峰：(边开边说)怎么样？我的开车技术还可以吧？

玛　丽：我怎么感觉像坐船似的？

王　峰：你这是在夸我吗？

玛　丽：开玩笑。哎，开别人的车是什么感觉？

王　峰：当然不如开自己的车好了。自己的车，想什么时候开，就什么时候开，想上哪儿就上哪儿。开别人的车，得处处小心，要是出点儿事故，磕了碰了，怎么向人家交代呀？

玛　丽：那你购车的目标什么时候能实现哪？

王　峰：说不好，也许一两年，也许五六年。

玛　丽：五六年？这时间也太长了吧？真到了那时候，你该回驾校重新学车了。

王　峰：我可以先租车开呀！买车不如租车。因为买车虽然好，可是麻烦也不少。买一辆新车，你要办各种手续，验车呀，上车牌呀，买保险哪，交养路费呀，交车船使用税呀……等你把手续都办齐，腿都要跑断了。

玛　丽：可是不管怎么麻烦，你心里也是美滋滋的。

王　峰：这倒是。不过买车以后，花钱的地方还是很多，别的不说，就说停车的车位吧，有的小区盖楼的时候就没考虑那么多，现在买车的人多了，车位不够，大家抢，车位的价格就上去了。一年下来，光停车费就要好几千，有的甚至要好几万。有人为了省这笔钱，就在路边乱停车。所以也有人说："买得起车，买不起车位。"还有，"买车容易养车难。"养一部车，汽油钱、车位钱、保养费，再加上各种税，一年少说也得上万块钱。所以有些人手里有钱也不买车，想开车了，周末约几个

朋友,租一辆,到想去的地方转一圈,不是也挺开心的吗?

玛　丽： 看来你属于"租车族"了?

王　峰： "租车族"我还够不上,租车族也是有钱人哪! 我呢,只是个穷学生,连"打车族"都不够资格。

玛　丽： 其实"打车族"比"租车族"也差不到哪儿去。现在出租车那么多,白天黑夜在马路上跑,什么时候想坐车,一招手,车就来了。遇上交通堵塞,交了钱,下车就走。要是你开着自己的车,哪儿有这么方便? 你能扔下车就走吗? 路上堵几个小时你就得等几个小时。所以我呀,有钱也不买车,出门就坐出租车或者公交车,又方便又便宜。对了,现在你们这儿又在大力发展城市铁路,到时候你也许就像我们家乡的人一样,开车到车站,然后换地铁去上班。

王　峰： 你说得也有道理。咱们这个城市,一千多万人口,要是都买私人汽车,那交通还不瘫痪了? 那就真是买车不如租车,租车不如打车了。糟了,前面又堵车了。

玛　丽： 你看,真让我说着了吧? 前面不远就是卖手机的商店,我就在这儿下车了。你呢,别着急,慢慢等着吧。

● 词　语

1. 探(头)	(动)	tàn (tóu)	to stretch forward
2. 威风	(形)	wēifēng	imposing
3. 新手	(名)	xīnshǒu	new hand
4. 高速公路		gāosù gōnglù	highway
5. 夸	(动)	kuā	to praise
6. 处处	(副)	chùchù	everywhere

7. 事故	（名）	shìgù	accident
8. 磕	（动）	kē	to knock (against sth. hard)
9. 购	（动）	gòu	to buy
10. 实现	（动）	shíxiàn	to realize
11. 驾校		jiàxiào	driving school
12. 重新	（副）	chóngxīn	once more; again
13. 验	（动）	yàn	to check
14. 上（车牌）	（动）	shàng (chēpái)	to register (number plate)
15. 车牌	（名）	chēpái	number plate
16. 养路费		yǎnglùfèi	road toll
17. 税	（名）	shuì	tax
18. 齐	（形）	qí	all ready; complete
19. 断	（动）	duàn	to break
20. 美滋滋		měizīzī	extremely pleased with oneself
21. 车位	（名）	chēwèi	parking place
22. 盖	（动）	gài	to build (buildings)
23. 抢	（动）	qiǎng	to scramble for
24. 养（车）	（动）	yǎng (chē)	to support
25. 汽油	（名）	qìyóu	petrol
26. 保养	（动）	bǎoyǎng	to maintain
27. 堵塞	（动）	dǔsè	to block up
28. 大力	（副）	dàlì	energetically
29. 家乡	（名）	jiāxiāng	hometown
30. 私人	（名）	sīrén	private
31. 瘫痪	（动）	tānhuàn	to be paralyzed

注　释

奔驰　　　　　　　　德国"Benz"牌汽车的中文译名。

语句理解

1. 我说嘛

　　对出现的情况觉得反常,听到对方的解释以后明白了原因,后面常常补充说明正常情况下对方的做法或可能出现的结果。比如:

(1) 甲:包这么多饺子?

　　　乙:一会儿有两个朋友要来。

　　　甲:我说嘛,要是你一个人,够吃三天的。

(2) 甲:今天你的房间怎么这么干净啊?

　　　乙:今天学校检查宿舍卫生。

　　　甲:我说嘛,平时你哪儿打扫过房间哪?

2. 别的不说,就说停车的车位吧

　　"别的不说,就说……吧"表示无须举很多例子,只需举一个例子就可以说明问题。比如:

(1) 甲:听说最近水果很贵呀。

　　　乙:可不是嘛,别的不说,就说香蕉吧,每斤比原来贵好几块钱呢。

(2) 甲:大家都说他这个人挺爱帮助人。

　　　乙:没错,别的不说,就说昨天吧,他帮老王修了一天的车,连午饭都没吃。

3. 其实"打车族"比"租车族"也差不到哪儿去

　　"(A 比 B)……不到哪儿去"表示 A 和 B 的程度差不多,即使 A 在程度上高

一点儿，也不会高很多。比如：

（1）甲：这儿的电器比别的地方贵吧？

乙：贵不到哪儿去，就在这儿买了吧。

（2）甲：我觉得他的发音比你好。

乙：咳，他比我好不到哪儿去。

练 习

一　朗读下面左栏中带有"上"字的句子，并在右栏中找到相应的"上"字的用法和意义。

1.开上"奔驰"了？	a. 到，去
2.我上星期还开车上了一趟高速公路呢	b. 到规定的时间开始工作
3.想上哪儿就上哪儿。	c. 达到一定数量或程度
4.你要办各种手续，验车呀，上车牌呀，……	d. 登记，注册(zhùcè)
5.一年少说也得上万块钱。	e. 用在动词后，表示行为有了结果或情况
6."租车族"我还够不上。	
7.白天黑夜在马路上跑。	f. 用在名词后，表示在物体的表面
8.遇上交通堵塞，交了钱，下车就走。	g. 用在名词前，表示刚过去的去的某一时间
9.开车到车站，然后换地铁去上班。	

二　理解下面语句的意思，并把它们放入适当的语境中进行表达：

1. 想什么时候看就什么时候看

2. 想去哪儿就去哪儿

3. 想请谁就请谁

4. 想穿哪件就穿哪件

5. 想怎么写就怎么写

6. 想吃多少就吃多少

7. 路上堵几个小时你就得等几个小时

三　完成下面的对话,然后用带点的词语做模仿会话练习:

1. 甲:今天没课,你怎么起这么早?

　　乙:＿＿＿＿＿＿＿＿＿＿＿＿＿＿＿＿＿＿＿＿＿。

　　甲:我说嘛。

2. 甲:这次考试不会考这部分内容吧?

　　乙:说不好,＿＿＿＿＿＿＿＿＿＿＿＿＿＿＿＿＿＿。

3. 甲:你自己忘了锁门,丢了东西怪谁呀?

　　乙:这倒是,＿＿＿＿＿＿＿＿＿＿＿＿＿＿＿＿＿。

4. 甲:这家音像商店怎么样?有什么值得买的吗?

　　乙:＿＿＿＿＿＿＿＿＿＿＿,别的不说,＿＿＿＿＿＿＿＿。

5. 甲:你的学生证呢?

　　乙:糟了,＿＿＿＿＿＿＿＿＿＿＿＿＿＿＿＿＿＿＿。

6. 甲:昨天真不应该到那个小饭馆吃饭,回来我就拉肚子了。

　　乙:真让我说着了吧,＿＿＿＿＿＿＿＿＿＿＿＿＿＿。

四　你开的汽车发生了下面的事故,这时你会怎么做?

1. 撞(zhuàng)了人或撞了别的车;

2. 刹车(shāchē)失灵(shīlíng),正向下滑(huá);

3. 在交通拥挤的马路上熄火(xī huǒ)。

五　请你说说:

1. 如果你现在想买汽车,你打算一次付清还是分期付款?

2. 如果有选号的自由,你想给你新买的汽车选什么样的车牌号?

3. 你更倾向(qīngxiàng)于买车、租车还是打车?说说理由。

4. 如果发生长时间的交通堵塞,你怎么打发(dǎfa)这段时间?

六　请你介绍：

1.我家的汽车。

2.我最喜欢的汽车。

七　辩论：

发展家庭汽车的利弊。

参考词语：

利	弊
出行便利	废气(fèiqì)排放
享受生活	环境污染
促进(cùjìn)消费	能源消耗(xiāohào)
扩大(kuòdà)就业	交通堵塞

● 补充材料

正确读出下面常见的汽车品牌的汉语译名。

原文名	汉语名	汉语拼音	原文名	汉语名	汉语拼音
NISSAN	尼桑	nísāng	ROLLS-ROYCE	劳斯莱斯	láosīláisī
TOYOTA	丰田	fēngtián	FIAT	菲亚特	fēiyàtè
BMW	宝马	bǎomǎ	Audi	奥迪	àodí
CADILAC	卡迪拉克	kǎdílākè	Mitsubishi	三菱	sānlíng
BUICK	别克	biékè	Ford	福特	fútè
VOLVO	富豪	fùháo	Porsche	保时捷	bǎoshíjié
OPEL	欧宝	ōubǎo	Chevrolet	雪佛莱	xuěfúlái

第十课　你想要个孩子吗？

热身话题

1. 你将来会要孩子吗？打算早要还是晚要？为什么？
2. 孩子的到来会给你带来哪些乐趣和烦恼？

（玛丽和大卫在一次电视台的节目中当了一回观众……）

主持人：　朋友们，晚上好，欢迎大家参加我们电视台《说说心里话》
　　　　　节目。今天，我们请来了几位嘉宾，他们将就"你想要个孩
　　　　　子吗"这个题目，说说自己的心里话。（对王女士）在今天到
　　　　　场的嘉宾中，只有您是有子女的，您能给我们谈谈有孩子
　　　　　的感觉吗？

王女士：　从生下我们那个宝贝女儿的那天起，我的生活就和以前不
（30岁，　一样了。为了孩子，我得换个轻松的工作；娱乐嘛，也只得
工程师）　丢在一边了，我总不能把孩子丢在家里自己去玩儿吧；刚
　　　　　换的尿片就让她尿湿了，我还得换；刚睡着就让她哭醒了，
　　　　　我又得哄她。一天到晚围着孩子转：冬天怕她冷，夏天怕她

热;她不会翻身时我着急,等她会翻身了,我又怕她翻到地上;她不会说话时我着急,可等她会说话了,就整天缠着我问这问那,还让我给她讲重复了一百遍的故事。只要她在身边,就别打算干别的。家里到处都是她的玩具,永远也收拾不完。是不是挺烦的?可是当我看着我们的小宝贝一天天地长大,从会笑、会爬,直到会喊出第一声"妈妈",那种幸福的感觉真是没法用语言表达,没当过妈妈的人是体会不到的。现在,每当我下班后去幼儿园接女儿,她都会像小蝴蝶似地飞过来亲我。这时候哇,我这一天遇到的烦恼哇、累呀就全都没了。我爱我的"小麻烦",她会给家庭带来快乐、幸福,这种感觉是用钱买不到的,也是什么东西都代替不了的。所以要问我的感觉呀,我只想说:感觉好极了。(观众鼓掌)

主持人： 谢谢,谢谢。看来王女士对孩子的感情很深,把我们的观众都感动了。听了你的话,我都想要个孩子了。那么张先生,您的意见呢?

张先生： 我已经结婚两年了,到现在为止我还没想过要孩子。要孩
(26岁, 子有什么好处哇?很多人都说:孩子会给家庭带来快乐。可
公司职员) 是带来的烦恼也不少哇!刚才王女士就说到一些。还有呢,孩子长大以后上学、工作、结婚,哪一样不让做父母的操心?现在一家只能生一个,全家都惯着。孩子做了错事,打也不是,骂也不是。父母整天都惦记着孩子,怕得病,怕受伤,怕被人欺负,怕学坏了……还有的家庭为了孩子整天吵架。这些事,想起来就头疼。我是这么想的:宁可生活中少一些快乐,也别添那么多的烦恼。你们别以为我这个人不懂感情,其实我对自己的家里人、朋友都挺好的。不想要

孩子也不能说就没有人情味儿，我只是觉得生个孩子，要负的责任太多，压力太大了。

主持人： 张先生的想法很有意思，不管怎么说，也代表了一部分人的想法。李先生，您也是这么想的吗？

李先生：
（23岁，
工人）
在这个问题上，我的回答很简单：要，而且早要。人长大了要结婚，结了婚要生孩子，这有什么要讨论的？几千年不都是这么过来的？要是全不生孩子，咱们今天还能坐到一块儿聊天儿？既然要生，那就趁年轻早点儿生，反正就生那么一个，早生完早省心，也不会耽误你搞工作。到退休的时候，孩子也成家了，用不着你再为他找工作呀、结婚哪发愁了，你那晚年不就能过得舒服一点儿吗？不生孩子你不觉得这辈子缺点儿什么吗？

赵小姐：
（26岁，
编辑）
对不起，我的看法跟您不太一样。我也想要孩子，但并不是因为大家都要，所以我也得要。这可不是随大溜的事。我想要孩子，一是因为我喜欢孩子，二是因为我有这么一种想法：一个女人做了母亲就跟做姑娘时不一样了，你在各个方面都会对自己有个要求，因为孩子时时刻刻都在学你。不过我也不反对那些不愿生孩子的人，人跟人不一样，人家不想生就不生呗。中国人口这么多，少生几个孩子还是好事呢。不过有一条我挺担心：现在不想生孩子的大多是文化层次比较高的人，这样下去，会不会降低咱们国家的全民素质啊？

主持人： 赵小姐已经把生孩子和全民素质联系在一起了，这样，生孩子就不完全是个人的事了。那么，我们问一问最后一位嘉宾，也是今天最年轻的嘉宾——孙小姐，听说你还没有结婚，你对这个问题怎么看呢？

孙小姐： 我正准备结婚。我已经跟我们那位说了：坚决不要孩子，要
（22岁，　是他实在想要，自己去领养一个，反正我不生。（众笑）生孩
护士）　　子的情景太可怕了，我见过，那可真是受罪。听着那些产妇
　　　　　的叫声，我就下决心这辈子不生孩子！
主持人： 你的未婚夫没有什么意见吗？
孙小姐： 他现在倒没表示反对，谁知结婚以后怎么样呢？其实如果两
　　　　　个人的感情好，没有孩子照样能幸福。
主持人： 什么是幸福？真是"仁者见仁，智者见智"。好，谢谢今天的
　　　　　五位嘉宾对我们说出了自己的心里话，不知在场的观众有
　　　　　什么想法，我们现场采访一下……

词　语

1. 主持人	（名）	zhǔchírén	host or hostess of a TV programme
2. 就	（介）	jiù	on; with regarding to
3. 宝贝	（名）	bǎobèi	baby
4. 尿片	（名）	niàopiàn	paper nappy; diaper
5. 尿	（动）	niào	to urinate
6. 湿	（形）	shī	wet
7. 哄	（动）	hǒng	to coax; to humour
8. 整天	（名）	zhěngtiān	the whole day
9. 缠	（动）	chán	to pester
10. 玩具	（名）	wánjù	toy
11. 幼儿园	（名）	yòu'éryuán	kindergarten
12. 亲	（动）	qīn	to kiss
13. 代替	（动）	dàitì	to take the place of

14. 鼓掌		gǔ zhǎng	to applaud
15. 到……为止		dào … wéizhǐ	till
16. 惦记	(动)	diànjì	to be concerned about
17. 伤	(动)	shāng	to be hurt
18. 欺负	(动)	qīfu	to bully
19. 人情味儿	(名)	rénqíngwèir	human feelings；sympathy
20. 负	(动)	fù	to carry on
21. 责任	(名)	zérèn	responsibility
22. 省心		shěng xīn	to save worry
23. 成家		chéng jiā	get married
24. 发愁		fā chóu	to worry
25. 晚年	(名)	wǎnnián	old age
26. 层次	(名)	céngcì	level；class
27. 全民	(名)	quánmín	the whole people
28. 坚决	(形)	jiānjué	firm；resolutely
29. 领养	(动)	lǐngyǎng	to adopt a（child）
30. 受罪		shòu zuì	to endure pain
31. 产妇	(名)	chǎnfù	woman about to give birth
32. 下决心		xià juéxīn	to make up one's mind
33. 照样	(副)	zhàoyàng	as before
34. 现场	(名)	xiànchǎng	on-the-spot

● 注 释

1. 随大溜（liù）　　　　　　　　自己没有主意，跟着别人走。

2. （我们）那位　　　　　　　　指某人的爱人或未婚夫（妻），是一种较随意的
　　　　　　　　　　　　　　　　称呼。类似说法有"他们那位"、"你那位"等。

3. 仁（rén）者见仁，智（zhì）者见智　　指对同一个问题，各人观察的角度不同，
　　　　　　　　　　　　　　　　见解也不一样。

1. 打也不是,骂也不是

"……也不是,……也不是"表示左右为难,不能这样,也不能那样。比如:

(1) 甲:你不是对这个项目有意见吗?为什么讨论的时候你不提出来呢?

乙:可这项目是我的导师负责的,我怎么办?同意也不是,反对也不是。

(2) 甲:他是你的朋友,请你参加生日晚会,你就去呗。

乙:可是我实在是没时间哪,真是去也不是,不去也不是。

2. 早生完早省心

"早……早……"表示希望尽早完成某事。比如:

(1) 我想第一个考,早考完早没事。

(2) 别磨蹭(móceng)了,快动身吧,早去早回。

3. 一是因为我喜欢孩子,二是因为我有这么一种想法……

"一是……,二是……"举例说明原因等。比如:

(1) 我不想去那个饭馆吃饭,一是贵,
二是人多。

(2) 今天晚上我去张老师家,一是去
看望他,二是想请教他几个问题。

● 练 习

◆ 一　朗读下面两组句子,说说句中的"你"的意思有什么不同:

（第一组）

1. 你想要个孩子吗？

2. 听了你的话,我都想要个孩子了。

3. 听说你还没有结婚,你对这个问题怎么看呢？

4. 你的未婚夫没有什么意见吗？

（第二组）

1. 早生完早省心,也不会耽误你搞工作。

2. 到退休的时候,孩子也成家了,用不着你再为他找工作呀、结婚哪发愁了,你那晚年不就能过得舒服一点儿吗？

3. 不生孩子你不觉得这辈子缺点儿什么吗？

4. 一个女人做了母亲就跟做姑娘时不一样了,你在各个方面都会对自己有个要求,因为孩子时时刻刻都在学你。

◆ 二　注意下列例句中带点词语的用法,并将所给的词语扩展成句:

1. 例:他们将就"你想要个孩子吗"这个题目,说说自己的心里话。

　　①就这个话题
　　②就宿舍管理问题
　　③就这些现象

2. 例:到现在为止我还没想过要孩子。

　　①到目前为止
　　②到月底为止
　　③到今天为止

3. 例:孩子做了错事,打也不是,骂也不是。

　①站也不是,坐也不是

　②扔了也不是,留着也不是

　③吃也不是,不吃也不是

三　回答下列问题,用上下面句子中划线部分的词语:

1. 谈谈来中国以后,你最惦记的人或事。

2. 最近你常常为什么事发愁?

3. 在你看来,什么是受罪的事?

四　根据你的实际情况,分别用下面的语句做结束语,各说一段话:

1. ……的感觉真是没法用语言表达。

2. ……的人是体会不到的。

3. ……是用钱买不到的。

4. ……是什么东西都代替不了的。

5. ……想起来就头疼。

五　下面这些话,是课文中哪位嘉宾说的?请根据课文内容从以下几个方面说一
　　说:

　① 他(她)是想要孩子的还是不想要孩子的?

　② 他(她)为什么这么说?

　③ 你对这些话的看法。

1. 宁可生活中少一些快乐,也别添那么多的烦恼。

2. 如果两个人的感情好,没有孩子照样能幸福。

3. 中国人口这么多,少生几个孩子还是好事呢。

4. (孩子)会给家庭带来快乐、幸福,而这种感觉是用钱买不到的,也是什么
　　东西都代替不了的。

5. 反正就生那么一个,早生完早省心。

6. 不想要孩子也不能说就没有人情味儿。

六　请你说说:

1.怎样看待子女给父母带来的苦与乐?

2.母亲在抚养子女时,总是"以苦为乐",你对此怎样理解?

3.现在一些年轻夫妇不想要孩子,你对这一现象怎么看?

4.如果要孩子,你觉得什么时候要合适?

5.如果夫妇在生孩子的问题上意见不统一怎么办?

七　成段叙述:

现在电视台主持人现场采访到玛丽和大卫,
请你替他们回答:"你想要个孩子吗?"

八　辩论:

生养孩子不完全是个人的事。

⬤ 补充材料

读下面的短文,并加入到他们的讨论中:

> 甲、乙、丙三人在一起讨论"什么是幸福"。
>
> 甲说:"幸福就是当你工作了一天之后,回到温暖的家,洗一个痛快的澡,吃上可口的饭菜,然后和温柔贤慧的妻子躺在床上一起看电视。"
>
> 乙说:"你那种幸福的感受已经是过时的了。现代人的幸福就是在出差的时候,遇到一个热情美丽的姑娘,和她共同度过一段浪漫的日子,然后友好地分手。"
>
> 丙说:"你们的幸福观都太理想化了,真正的幸福是:有警察半夜来抓你,刚要把你带走又发现抓错了!……"

第十一课　我们的城市生活还缺少点儿什么呢？

1. 你喜欢目前居住的城市吗？为什么？
2. 举例说说你现在居住的城市存在的问题。

（玛丽和安娜在收看电视里的一个专题节目，这个节目的主持人正在街头采访市民……）

主持人：　各位观众，这里是本市最繁华的街道，从我身后这些新建的商厦你们可以看出：我们这座城市比过去有了惊人的变化，随着城市经济的发展，市民生活水平比过去有了很大的提高。但是当你们感觉到这些变化的时候，是不是觉得我们的城市生活中还缺少点儿什么呢？带着这个问题，我们今天对市民进行现场采访。

（一位市民从不远处走来，主持人迎了上去）

主持人：　先生,您好。我是电视台"生活频道"的主持人,想采访一下您。请问,您是干什么工作的?

市民甲：　我在机关工作。

主持人：　您能不能告诉我们的电视观众,您觉得现在我们的城市生活中缺少点儿什么?

市民甲：　这个嘛……大家的生活都挺不错的,衣食住行都没什么太大的问题,要说缺少点儿什么……我觉得人和人之间缺少点儿平和的气氛。现在城里人的生活节奏比以前快多了,工作上的压力也大了,人们的脾气不知怎么也大起来了。别的不说,就说吵架吧,是不是比以前多了?买东西的和卖东西的吵;骑车的和开车的吵;坐车的和坐车的吵;外面吵完了回到家里还吵。您说这条街上,哪天没有吵架的?其实也没什么大不了的事情。人哪,什么事都得想开点儿,快快乐乐地过日子比什么都强。要是人和人说话的时候多一些幽默,多一些理解,什么问题都好解决了,您说是不?

主持人：　您说得非常好,从您的话里我能感觉到您就是一个幽默的、能够理解别人的人。谢谢。(走向市民乙)请问,您认为现在咱们的城市生活中还缺少些什么呢?

市民乙：　要我说呀,咱们这城市里,楼房越盖越多,可绿地越来越少了!就拿我们这一片儿来说吧,有多少商店、多少饭馆哪?都数不过来了。可绿地呢?连个小小的街心公园都没有。原来有,就在那儿,现在成了饭店了,弄得老人们没地方休息,孩子们没地方玩儿。盖饭店、建公司咱不反对,可也得适当地规划一下是吧?您看现在,一抬头,四周都是高楼大厦,在这楼群里生活,说句不好听的,跟住在井里似的。

主持人：　您的比喻很生动,是该解决这方面的问题了。谢谢您。(对

站在一边围观的一个人)您能给我们说说吗?

外地人: (局促不安地)我?我是外地人。

主持人: 那更好了。给我们的城市提一些意见吧?

外地人: 我能提出啥意见呢?那个什么……我就说一条吧,希望你们大城市里的人对我们外地来的和善一点儿。我们呢,没见过啥大世面,你们这里的好多规定我们也不懂。可有些人不给我们讲清楚,光知道骂呀,罚呀,弄得我们不知怎么办才好,把我们对这里的好印象全都破坏了。那什么……我就说这么多吧,说得不对您可别笑话。

主持人: 您说得很好,在这里,我代表我们的市民对您和所有受过不公正待遇的外地人表示歉意。非常感谢您的批评。再见。(走向一位治安管理员)您好,您能从您工作的角度谈谈我们的城市生活中还缺少些什么吗?

管理员: 缺得太多啦!有些人一点儿法制观念都没有,您看看马路上这些车,到处乱停,连行人走道的地方都给占了;再看那些往街上乱扔东西的,虽说见一个罚一个,还是有扔的。我看哪,还是罚得轻!您看人家新加坡,罚得多狠!人家那街道干净得!咱们要是也像人家那样,重重地罚,看谁还敢这么做!

主持人: 我们每一个人的法制观念都需要加强。不过,光罚也不是办法,还得多进行法制教育,您说呢?

管理员: 那是,那是,我刚才说的也是气话。瞧,那儿又有一个乱扔东西的,我得过去说说。您忙您的吧。(转身离去)

主持人: 好了,各位观众,我们的时间就要到了,今天就采访到这里。不知您通过我们的采访,得到哪些启发,欢迎您常和我们联系。我们也希望您想一想,我们的城市生活还缺少点儿

什么。

安　娜：（一边关电视一边问玛丽）哎，你说咱们现在最缺少的是什么？

玛　丽：我看哪，是时间！明天考试，赶快复习吧，你！

词　语

1. 缺少	（动）	quēshǎo	to lack；to be short of
2. 收看	（动）	shōukàn	to watch (TV etc.)
3. 市民	（名）	shìmín	residents of a city
4. 繁华	（形）	fánhuá	busy；flourishing
5. 商厦	（名）	shāngshà	department store
6. 惊人	（形）	jīngrén	amazing
7. 迎	（动）	yíng	to go to meet
8. 平和	（形）	pínghé	gentle；mild；peaceful
9. 气氛	（名）	qìfēn	atmosphere
10. 节奏	（名）	jiézòu	rhythem
11. 绿地	（名）	lǜdì	grassland
12. 街心公园		jiēxīn gōngyuán	public park
13. 规划	（动）	guīhuà	to plan; to program
14. 井	（名）	jǐng	well
15. 比喻	（名、动）	bǐyù	metaphor；to take sth. as a metaphor
16. 生动	（形）	shēngdòng	lively
17. 围观	（动）	wéiguān	to surround and watch
18. 局促不安		júcùbù'ān	ill at ease
19. 啥	（代）	shá	what

20. 世面	（名）	shìmiàn	various aspects of world
21. 印象	（名）	yìnxiàng	impression
22. 破坏	（动）	pòhuài	to destroy
23. 公正	（形）	gōngzhèng	just；fair
24. 待遇	（名）	dàiyù	treatment
25. 歉意	（名）	qiànyì	apology
26. 治安	（名）	zhì'ān	public order or security
27. 角度	（名）	jiǎodù	point of view；perspective
28. 法制	（名）	fǎzhì	legal system
29. 占	（动）	zhàn	to occupy
30. 狠	（形）	hěn	firm；resolute
31. 加强	（动）	jiāqiáng	to strengthen
32. 气话	（名）	qìhuà	words venting one's anger

注 释

1. 衣食住行　　　　穿衣、吃饭、居住、交通等问题是人们生活中的几件大事，在这里，"衣食住行"代表了人们的日常生活。

2. 想开点儿　　　　不要把一些令人不愉快的事看得过重，多往其他愉快的事情上想想。

3. 新加坡　　　　　东南亚的一个国家。

4. 您忙您的吧　　　客气话，多为客人所说，劝主人不必为自己耽误该做的事情。

语句理解

1. 没什么大不了的

   对发生的事不太看重,认为不重要、不要紧、劝人不必担心。比如:

   (1) 甲:糟了,我的学生证丢了。

   　　乙:别着急,没什么大不了的,再补一个不就行了?

   (2) 甲:你被警察罚款了吧?

   　　乙:没什么大不了的,就罚了二十块钱。

2. 要我说呀

   就对方的说法提出自己的意见。比如:

   (1) 甲:你觉得买什么样的车好呢?

   　　乙:要我说呀,还是先买个中档的好,经济实惠。

   (2) 甲:咱们贷款买房子吧。

   　　乙:要我说呀,买房不如租房。

3. 说句不好听的

   不客气地讲,或用一个不使人爱听的比喻。比如:

   (1) 他在队里根本没有发挥作用,说句不好听的,比赛的时候有他没他都一样。

   (2) 他家真小,说句不好听的,像个鸟笼子似的。

4. 人家那街道干净得

   "人家那(名词)+(动词/形容词)得"表示别人在某方面远远超过自己,有夸奖和羡慕的语气。比如:

   (1) 你看人家那画儿画得!(别人画的画儿自己的好得多。)

   (2) 人家那花园漂亮得!(别人的花园比自己的漂亮。)

练 习

一 模仿例子,把下面的句子改说成倒装句:

例:你赶快复习吧! → 赶快复习吧,你!

1. (就等你了,)你快来吧!

2. (一个人干这么多事,)我容易吗?

3. (这种简单的事谁不能干?)他有什么呀!

4. (这么长时间才来,)你们迷路了吧?

5. (别等他了,)咱们走吧!

6. 您有什么事吗?

二 用正确的语调读下面的句子,并根据这些话中提出的问题,说说自己的理解或感受:

1. 人哪,什么事都得想开点儿,快快乐乐地过日子比什么都强。

2. 要是人和人说话的时候多一些幽默,多一些理解,什么问题都好解决了。

3. 盖饭店、建公司咱不反对,可也得适当地规划一下是吧?

4. 在这楼群里生活,说句不好听的,跟住在井里似的。

5. 希望你们大城市里的人对我们外地来的和善一点儿。

6. 咱们要是也像人家那样,重重地罚,看谁还敢这么做!

三 替换划线部分的词语,然后各说一句完整的话或把它用于对话中:

1. 不知 <u>怎么办</u> 才好

先救谁

说什么

往哪儿走

2. 见一个 <u>罚</u> 一个

爱

问

抓

3. 人家那<u>街道</u>干净得！

> 宿舍
>
> 孩子
>
> 汽车

4. 看谁还<u>敢</u>这么做！

> 不听话
>
> 卖高价
>
> 违反交通规则

5. 光<u>罚</u>也不是办法

> 哭
>
> 生气
>
> 着急

四 **完成下面的对话,然后用上带点儿的词语做模仿会话练习:**

1. 甲：周末咱们去故宫好吗？

   乙：要我说呀,＿＿＿＿＿＿＿＿＿＿＿＿＿＿＿＿＿＿＿。

2. 甲：听说他在这里干了很多坏事,是吗？

   乙：可不,别的不说,就说前天吧,＿＿＿＿＿＿＿＿＿＿＿＿＿。

3. 甲：他们队最近可从外国请来一个教练。

   乙：这没什么大不了的,＿＿＿＿＿＿＿＿＿＿＿＿＿＿＿＿＿。

4. 甲：我最近怎么那么倒霉,老丢东西？

   乙：想开点儿,＿＿＿＿＿＿＿＿＿＿＿＿＿＿＿＿＿＿＿＿。

5. 甲：这个演员唱得真不怎么样。

   乙：可不是！说句不好听的,＿＿＿＿＿＿＿＿＿＿＿＿＿＿＿。

6. 甲：我还有事,你先在这儿坐一会儿吧！

   乙：没事儿,您忙您的吧,＿＿＿＿＿＿＿＿＿＿＿＿＿＿＿＿＿。

五 下面这些现象在你们国家会不会被罚款？如果罚，罚多少？

1. 随地吐痰(tán)

2. 在公共场所吸烟

3. 乱吐口香糖

4. 乱扔废弃物(fèiqìwù)

5. 随地大小便

6. 随意摘(zhāi)花

六 请你说说：

1. 你见过街头吵架的吗？说说你的印象。

2. 盖楼与保持绿地的矛盾有没有可能解决？

3. 你的国家有本地人不尊重外地人的情况吗？

4. 罚款对解决缺少公共道德的问题有多大帮助？

5. 除了课文中谈到的几个方面，你居住的城市生活中还缺少些什么？

七 根据下面的题目进行模拟采访：

选出两名同学担任本市的正、副市长，举办上任后的第一次记者招待会；其他同学担任报刊、电台和电视台记者，就本市的城市建设、环境规划、公共卫生设施等问题进行提问，请上述两人解答。

八 发挥你的想像：

下个世纪的城市。

● 补充材料

读下面的短文,说说反映了什么问题:

还是还给您吧

一个穿戴都很时髦的青年开着一辆名牌汽车在大街上兜风。当车开到十字路口时遇到了红灯。他点了一枝烟,随手把空烟盒从车里扔到窗外,正扔在一个清洁女工身上。这位女工捡起烟盒,走近汽车,微笑着问那位青年:"这个烟盒您不要了吗?"

"是的,不要了。"

"对不起,我们也不要,还是还给您吧。"

热身话题

1. 在你们国家,大学生和研究生毕业后怎样找工作?
2. 现在什么专业的毕业生容易找到好工作?

（李阳的女朋友刘英过生日,玛丽和大卫也被邀请参加了这次聚会,望着宿舍里挤得满满的一屋子人,玛丽觉得很感动……）

玛　丽：(对刘英)看你们热热闹闹的,真像一家人似的。

刘　英：很多人都这么说。大家一起学习了好几年,一个食堂吃饭,一个宿舍楼住着,同学之间的感情还真是挺深的。不过,眼看要毕业了,以后大家就不在一块儿了,离得远的,想见一次面也不容易呢!

大　卫：听说你们毕业后是由国家分配工作?

李　阳：那是过去,现在大学生和研究生找工作是双向选择。

玛　丽：我不明白。什么叫双向选择呀?

李　阳：就是用人单位可以挑选毕业生，毕业生也可以自己选择单位。

玛　丽：用人单位怎么挑选毕业生呢？

李　阳：每年到快毕业的时候，用人单位就到学校里来了，可以找毕业生面谈，也可以找老师或系领导了解学生的情况，看看学生的学习成绩单。如果选中了哪一个人，决定录用，就会向学校发函。

大　卫：那学生要是对这些单位的工作不感兴趣怎么办呢？

李　阳：可以根据专业和兴趣，自己找一个单位。

玛　丽：一个单位一个单位地去找吗？

李　阳：那多累呀。我是先把自己的简历发给一些单位，然后等通知。你知道吗？我光简历就发了五十份，现在有几家单位已经通知我去面试了。

玛　丽：五十份？这也不轻松啊。

李　阳：毕业前几个月各地还会举行毕业生供需见面会，很多需要用人的单位在那里现场办公，接受咨询，这样的活动会吸引大批的毕业生。这种面对面的接触可以让毕业生直接了解单位的性质、用人要求和工资待遇等问题，你对某个单位有兴趣的话可以当场填表。还有一种办法是把有关材料放到网上的人才交流中心，不过你如果没有过硬的条件，那就只能碰运气了。

大　卫：你们找工作，需要教授给你们写推荐信吗？

男生甲：要是有教授的推荐就更好了。

玛　丽：你们自己找工作容易吗？

男生甲：那得看是谁。我们外地考来的找工作就会有一些麻烦。

玛　丽：为什么？

男生甲： 没有本市的户口，也没有住房，这些都是大城市最难解决的问题。所以，你要是不比别人出色，用人单位就不一定非要录用你了。

刘　英： 另外，我们女生找工作也不太容易。

玛　丽： 这又是为什么？

刘　英： 有些单位不愿意要女的。

玛　丽： 怎么？轻视妇女啊？

男生乙： 那倒不一定。也许他们认为，有些工作男的干更合适。比如说，有些工作需要经常出差，男的一个人就可以去了，可要是年轻姑娘一个人去，就不太让人放心。

刘　英： 我看这也是个借口。凭什么说女的就不能一个人出差？寒假的时候，我一个人去搞社会调查，不也跑了好几个省市？这完全是一种偏见！

男生乙： 也不完全是。比如女的结婚以后，到了一定的时候就得生孩子，那时候不但不能加班、出差，孩子有了病还得请假。

刘　英： 那还不是因为你们男的不干，把这些事都推给了女的？我看你们哪，嘴上说什么"男女平等"，其实一个个都是大男子主义！

李　阳： 哎，话可得说清楚，我就没有那种思想。

刘　英： 看你现在像个"模范丈夫"似的，谁知结婚以后怎么样呢？

女生甲： 按我的想法，我是不赞成把男的关在家里做家务的。做家务要心细，比较适合我们女的干。将来我有了丈夫，我倒是希望他去社会上闯荡。男女平等不一定什么事情都得是男女各做一半儿，关键是大家要互相尊重，互相关心，互相体谅。拿我来说吧，研究生快毕业了，在咱们这儿，学历也算不低了。将来如果能找到好工作，我也会干一番事业的。可

如果将来我丈夫在事业上成功了，需要一个"贤内助"，我也愿意为了他去做一个家庭主妇，这也可以看成是一种社会分工嘛，不能说这是男女不平等。

刘　英：你怎么……

李　阳：哎哎哎，说着说着毕业分配，你们怎么说起"男女平等"来了？还是说说你们找工作有什么进展吧。

女生甲：听说最近很多单位到咱们系联系，好工作不少呢！

男生甲：能不能得到个好工作倒不是主要的，我最关心的是能不能留在这儿。要是回到我们那个小城市，工作环境差不说，说不定我学的专业就用不上了。

男生乙：你还担心什么！你是你们班的学习尖子，还怕在这儿找不到单位？倒是我这样的，找起工作来不那么容易。

玛　丽：为什么呀？

男生乙：我学的是"冷专业"，除了学校、研究所，没人要我们，可说实话，我又不想呆在学校和研究所里，高不成，低不就的，你说怎么办呢？

玛　丽：那就等你的专业"暖和"了再说吧。

● 词　语

1. 聚会	（名、动）	jùhuì	party; to come together
2. 眼看	（副）	yǎnkàn	soon
3. 分配	（动）	fēnpèi	to assign jobs to college graduates
4. 选择	（动）	xuǎnzé	to choose
5. 挑选	（动）	tiāoxuǎn	to choose

6. 面谈	（动）	miàntán	to interview
7. 录用	（动）	lùyòng	to employ
8. 发函		fā hán	to inform by letter
9. 简历	（名）	jiǎnlì	resume
10. 份	（量）	fèn	(measure word for file, newspaper, etc.)
11. 面试	（动、名）	miànshì	to interview
12. 供需	（名）	gōngxū	supply and demand
13. 咨询	（动、名）	zīxún	to consult
14. 大批	（形）	dàpī	large quantities
15. 接触	（动）	jiēchù	to contact; to meet
16. 直接	（形）	zhíjiē	directly
17. 性质	（名）	xìngzhì	character; quality; nature
18. 过硬	（形）	guòyìng	to be truly proficient (in sth.)
19. 碰运气		pèng yùnqi	to try one's luck
20. 户口	（名）	hùkǒu	registered permanent residence
21. 出色	（形）	chūsè	outstanding
22. 轻视	（动）	qīngshì	to despise
23. 出差		chū chāi	to be on a business trip
24. 借口	（名）	jièkǒu	excuse
25. 社会调查		shèhuì diàochá	social investigation
26. 偏见	（名）	piānjiàn	prejudice
27. 加班		jiā bān	to work overtime
28. 心细		xīn xì	careful; meticulous
29. 闯荡	（动）	chuǎngdàng	to leave home to test oneself
30. 体谅	（动）	tǐliàng	to show understanding and sympathy for
31. 学历	（名）	xuélì	record of formal schooling

32. 番	（量）	fān	(measure word for actions which take time or effort)
33. 事业	（名）	shìyè	cause；undertaking
34. 分工		fēn gōng	division of labour
35. 平等	（形）	píngděng	equal
36. 进展	（名、动）	jìnzhǎn	progress
37. 尖子	（名）	jiānzi	the best one
38. 呆	（动）	dāi	to stay

◉ 注 释

1. 大男子主义　　　　指男子看不起妇女，在妇女面前摆"男比女强"的架子或威风。

2. 模范(mófàn)丈夫　　指那些比较老实、能承担较多家务劳动的丈夫。说人是"模范丈夫"一般带有半开玩笑的语气，有时也用于讽刺怕妻子的人。

3. 贤(xián) 内助　　　为自己丈夫能在事业上取得成功而照顾好家庭、不让丈夫分心的贤慧的妻子。

4. 冷专业　　　　　　相对"热门专业"而言，指大学为社会需求量较少、工作辛苦而待遇偏低但又有必要设立的部门而设置的专业。

5. 高不成，低不就　　高而合意的，做不了或得不到；做得了、能得到的，又认为低或不合意，不肯做或不肯要。多指选择工作或选择配偶。

语句理解

1. 凭什么说女的就不能一个人出差

"凭什么……"用于疑问句,以不满的语气质问别人。比如:

(1) 甲:我看你们卖的东西是假的。

乙:你凭什么说我们的东西是假的? 你有什么证据(zhèngjù)?

(2) 有话好好说嘛,他们凭什么骂人?

2. 话可得说清楚

指说话不能一概而论,要有所区别。有辩解的语气。比如:

(1) 甲:你们商人都只想着赚钱。

乙:话可得说清楚,我是那样的人吗?

(2) 甲:好多大学生一进了大学就眼睛朝上。

乙:话可得说清楚,我不是还和以前一样吗?

3. 工作环境差不说,说不定我学的专业就用不上了

"……不说,……"表示除了前面所说的,还有其他的情况。比如:

(1) 周末咱们去温泉(wēnquán)度假村吧,能洗温泉不说,还能钓(diào)鱼哪。

(2) 我不想和他住一个房间,抽烟不说,睡觉还打呼噜。

练 习

一 **成段朗读,注意长句朗读的韵律,体会段落中说理的语气:**

　　按我的想法,我是不赞成把男的关在家里做家务的。做家务要心细,比较适合我们女的干。将来我有了丈夫,我倒是希望他去社会上闯荡。男女平等不一定什么事情都得是男女各做一半,关键是大家要互相尊重,互相关心,互相体谅。拿我来说吧,研究生快毕业了,在咱们这儿,学历也算不低

了。将来如果能找到好工作,我也会干一番事业的。可如果将来我丈夫在事业上成功了,需要一个"贤内助",我也愿意为了他去做一个家庭主妇,这也可以看成是一种社会分工嘛,不能说这是男女不平等。

二　用指定的词语完成下面的对话,然后用它做模仿会话练习:

1. 甲:你这个周末怎么不出去了?

　　乙:＿＿＿＿＿＿＿＿。(眼看要……了)

2. 甲:你愿意把钱借给别人吗?

　　乙:＿＿＿＿＿＿＿＿。(那得看……)

3. 甲:领导说这次社会调查你不能参加。

　　乙:＿＿＿＿＿＿＿＿。(凭什么……?)

4. 甲:你们男人哪,一见漂亮姑娘眼睛都发直了。

　　乙:＿＿＿＿＿＿＿＿。(话可得说清楚)

5. 甲:我看这事都怪你! 你要是不老带着孩子玩,
　　　他的学习成绩怎么会这么差?

　　乙:＿＿＿＿＿＿＿＿。(说着说着……,怎么……)

6. 甲:你为什么不喜欢去那个饭馆吃饭?

　　乙:＿＿＿＿＿＿＿＿。(……不说,……)

7. 甲:小王到底找到男朋友了没有?

　　乙:＿＿＿＿＿＿＿＿。(高不成,低不就)

三　根据所给的题目,至少选用五个下面的词语进行表达:

1. 谈一次找工作的经历;

2. 你向领导提出加薪(xīn);

3. 自由选题。

推荐 出色 平等 借口 偏见 眼看 过硬 加班
尊重 体谅 事业 毕业 兴趣 选择 轻视 学历

四 **请你说说：**

1. 你是不是觉得有的工作只适合男的干,有的只适合女的？你能各举两个例子说明吗？

2. 在你的国家,哪些工作是年轻人最希望得到的工作？说出为什么。

3. 你有没有找工作的经验？和用人单位负责人面谈时应该注意哪些方面？

4. 你对你的国家男女平等的状况满意吗？你觉得在这方面还存在哪些问题？举例说明。

五 **根据实际情况谈一谈：**

下面是人们找工作时可能会考虑的几个方面：

①工资待遇的高低；

②工作量的大小；

③对工作的兴趣；

④与自己学的专业有没有关系；

⑤工作单位或老板是否有名气；

⑥单位离家的远近；

………

请你谈谈：

你最先考虑哪个方面？其次呢？不考虑哪个方面？说出你的理由。

六 **模拟表演：**

你去某"用人单位"面试,回答用人单位负责人提出的各种问题,如你的简历,你的语言和文化程度,你的社会经历,你的专长,你的要求和希望,等等。可采用一对一的会话形式,也可采用一人在数人面前答辩(dábiàn)的形式。这个练习也可以分组进行。

七 **成段表达：**

优秀职员应该具备的素质。

○ **补充材料**

读下面的两段短文，说说你的理解：

（一）一加一等于几？

　　一家银行招聘(zhāopìn)会计部主任，来应聘的人很多，由总经理当场面试。面试的题目简单得让人难以相信，只是问应聘的人：一加一等于几？

　　所有自认为回答正确的都没被录用。只有一个人一直不出声，等别人都走了以后，他将门窗关好，走到总经理身边，轻声向他问道："你想让它等于几？"

　　这个人最后被录用了。

（二）优点和缺点

　　某公司招聘办公室走进一个应考人。他向主考人介绍自己的情况："无论做什么工作，我都认真负责，每天可以早来晚走，愿意加班，钱多钱少也无所谓；我对所有的人态度和气，有礼貌，从来不发脾气；我不抽烟，不喝酒，不追女人；我没有做过任何坏事……"

　　主考人耐心地听完他的自我介绍，面带敬佩的神情对他说："您真伟大，我从来没有见过像您这样十全十美的人。"

　　这位应考人听了，忙谦虚地回答说："哪里哪里，我这个人也不是没有缺点。我最大的毛病就是有时候说话有点儿言过其实……"

口语知识（三）

1 惯用语

惯用语是一般人所熟悉的和经常使用的比较固定的词组。它在群众中广泛流传，无论男女老少，无论文化水平的高低，都了解它，运用它。有了它，生活语言变得更加生动活泼，有了更直观、更丰富的表现力。这种语言形式具有很强的生命力。

惯用语最突出的特点就是运用形容、比喻、引申等手法，将所要表达的内容形象化、具体化，给人一种深刻的印象。通过下面所举的几个方面的例子，我们可以看出这一点。

(1)用具体的事物比喻某种人或某种现象：

① 半瓶醋——比喻对知识一知半解却自我感觉良好的人。
② 半边天——指妇女，暗示妇女地位的重要。
③ 铁饭碗——比喻无论干得好坏都不会丢掉这份工作的用人制度。
④ 流水账——比喻罗列现象的、没有意思的文章或讲话。
⑤ 直肠子——指性格直率、说话不会拐弯儿。
⑥ 冷血动物——指对他人没有感情的人。
⑦ 木头脑袋——指人的脑袋不灵活，像木头一样。
⑧ 家常便饭——比喻经常发生、不足为怪的事情。
⑨ 鳄鱼的眼泪——指坏人假慈悲。
⑩ 刀子嘴，豆腐心——比喻说话厉害，但心肠软。

（2）用某种具体行为动作比喻另外一种较抽象的行为：

① 乱弹琴——比喻胡闹或瞎说。

② 翘尾巴——比喻骄傲自大。

③ 开倒车——比喻违反事物的发展方向，向后倒退。

④ 挖墙脚——比喻损害他人、集体或其他单位的利益。

⑤ 走下坡路——比喻人逐渐退步或事业逐渐衰落。

⑥ 脚踩两只船——比喻在对立的双方之间游移不定，也指同时与两个异性谈恋爱。

⑦ 大白天说梦话——比喻说不切实际或无法实现的话。

⑧ 胳膊肘往外拐——比喻不向着自己人而向着外人。

⑨ 睁一只眼闭一只眼——遇事装看不见，抱一种不负责任的态度。

⑩ 搬起石头打自己的脚——比喻本想害人，结果害了自己。

（3）用夸张的语言对所说的话起一种强调的作用：

① 笑掉牙——形容耻笑得厉害。

② 跑断腿——形容办事跑了很多路，费了很大劲。

③ 气炸了肺——形容气愤到了极点。

④ 笑破肚皮——形容某一事物、言谈等特别使人发笑。

⑤ 把死人说活——形容非常会说话。多含贬义。

⑥ 吃了豹子胆——形容胆子大。

⑦ 一口吃成胖子——比喻一下子就获得成功。多用于否定，说明做事要一步步进行，不能急于求成。

⑧ 喝凉水也塞牙——形容运气特别不好，一点小事也会遇到麻烦。

⑨ 一锥子扎不出血来——形容性子比较慢，反应比较迟钝。

⑩ 跳进黄河也洗不清——比喻无论如何也洗刷不掉所蒙受的冤枉。

我们在学习和使用惯用语的时候,应该注意以下几个问题:

(1)惯用语大多是通过比喻等手法表达它的意思的,因此我们往往从字面上看不出它的真正含义。例如:"咬耳朵"指两个人在说悄悄话,如果理解成咬谁的耳朵就误解了原意;"笔杆子"是指单位里最能写文章的人,而不是指铅笔的笔杆;"回老家"是指死亡而不是真的回故乡;"炒鱿鱼"是指解雇,理解成做一种菜就大错特错了。

(2)惯用语是一种固定搭配的词语,一般来说不能随意调换。但是它又比成语灵活,可以在词语中间插入其他成分,有时也可以掉换次序。例如:"碰钉子",可以说"碰了个钉子"、"碰过几次钉子"、"碰了个不软不硬的钉子"、"钉子没少碰"等等。再如:"走后门",可以说"走过几次后门"、"走走你的后门"、"这个后门走不通"等等。

(3)惯用语风趣、幽默、诙谐、生动,大多用于讽刺、批评、开玩笑或骂人,有些比较庸俗。因此,要注意惯用语使用的场合。一般来说,不适合用在严肃正式的场合。

2 歇后语

歇后语也是一种通俗的语言形式,它是通过普通老百姓之口而传播开来的。

歇后语一般是由前后两部分组成的,前半句是比喻或是隐语,后办句是对前半句的解释或说明。这就好比是一个谜语,前半句是谜面,是让人猜的,而后半句则是谜底,是真正要说的意思。像"千里送鹅毛——礼轻情义重"、"肉包子打狗——有去无回"、"做梦娶媳妇——想得倒美"等等。在一般情况下,人们只说出它的前半句,略去后半句不说,让听话人自己去琢磨、体会说话人所说的是什么意思,因此称之为"歇后语"。举例来说:当有人问你一个问题,你心里明白,可又不知用汉语怎么说的时候,你只要说出"(我是)茶壶里煮饺子——",对方一般就会明白你要说的是"肚里有,嘴上倒不出"这个意思,这样,你就用不着再说出后半句了。如果对方不知道这个歇后语,听了以后在那儿发愣,你再把后半句说出来也不迟。

从语义上看,歇后语主要是通过比喻和谐音双关来体现其特点的。我们分别来看一下。

歇后语中运用比喻手法的占大多数。这一类歇后语,前半句是比喻,后半句是说明比喻的真正含义。请看下面这些例子:

> ① 竹篮子打水——一场空。(比喻什么都没得到)
>
> ② 兔子的尾巴——长不了。(比喻时间不会很长,很快就要结束)
>
> ③ 老鼠过街——人人喊打。(比喻不受欢迎)
>
> ④ 老虎的屁股——摸不得。(比喻对过于厉害的人不敢去惹或是不接受别人的批评)
>
> ⑤ 狗拿耗子——多管闲事。(讽刺爱管闲事的人)
>
> ⑥ 黄鼠狼给鸡拜年——没安好心。(提醒人不要被坏人的假象蒙蔽)
>
> ⑦ 铁公鸡——一毛不拔。(讽刺小气、不愿助人的人)
>
> ⑧ 马尾拴豆腐——提不起来。(不好意思或不值得提这件事)
>
> ⑨ 奶妈抱孩子——是别人的。(指与己无关)
>
> ⑩ 老王卖瓜——自卖自夸。(讽刺自夸的人)

第二种歇后语是在后半句的解释中,利用谐音字起到一语双关的作用。也就是说,后半句从字面上看,解释的是表面的意思,但暗中却隐藏着这个歇后语的真正意思。我们来看一下例句:

> ① 外甥打灯笼——照舅。(照旧)
>
> ② 孔夫子搬家——净是书。(输)
>
> ③ 飞机上挂暖壶——高水瓶。(高水平)
>
> ④ 电线杆上插鸡毛——好大的掸子。(好大的胆子)
>
> ⑤ 烂棉花——没法弹。(没法谈)

歇后语在使用中,有以下几个方面应当注意:

(1)歇后语在语言特点上同惯用语一样,也具有生动、活泼、诙谐、幽默等特征,正确地使用会使你的语言变得有趣,但是在同一时间内说得太多,会给人一种油滑、庸俗的感觉。

(2)歇后语适合于在轻松、随意、欢快、活泼的场合使用,若在严肃、庄重的场合下使用过多的歇后语,会给人一种太随便、不重视的印象。

(3)歇后语大多用于开玩笑、讽刺、批评甚至骂人。有些语言是不礼貌、不尊重他人、甚至是不文雅的。不恰当地使用会使人反感。

练习

一 试着猜一猜下列词语的意思,然后通过工具书说出它们的正确含义:

唱反调	炒冷饭	穿小鞋	戴高帽子	大鱼吃小鱼
好说话	红眼病	及时雨	喝西北风	杀鸡给猴看
三只手	开夜车	扣帽子	打小算盘	碰一鼻子灰
露馅儿	爬格子	老掉牙	猴年马月	赶鸭子上架
交学费	拿手戏	雷声大,雨点小		求爷爷,告奶奶
瞎猫碰死耗子		鲜花插在牛粪上		

二 说出你学过的歇后语,并解释它们的意思。

口语常用语（三）

交涉

生活中发生了矛盾，就要想办法找有关部门解决。在交涉过程中，既要据理力争，又要保持一种良好的态度。以下情况也许在你的生活中会碰到，那么，下面的几段交涉可以供你参考。

（一）

请问，您是这个工地的负责人吗？我是留学生，就住在工地附近。我对你们不分昼夜地施工有意见。我们现在正在准备汉语水平考试，可是你们从早到晚不停地施工，我们没法安静地复习功课。我听说在你们这里，什么时间可以施工、什么时间不能施工，有明确的规定，早上八点以前，晚上六点以后，还有午休时间禁止施工。可是你们呢，早上六点多机器就轰轰响起来了，晚上九点了，还在乒乒乓乓凿个不停，我们怎么学习？你们要为我们想想，我们来中国留学时间不长，时间对我们来说很重要。你们应该按照政府的规定去做，还有，你们应该想办法减少噪音，让我们有更好的学习环境。我希望你们尽快解决这个问题，否则我会向你们的上级部门反映。

（二）

对不起，我是你们楼下的住户。我心脏不好，最怕吵。自从你们搬过来以后，我几乎就没睡过好觉。你们每天晚上很晚回来，一回来就把录音机打开，你们的录音机声音太大，震得楼板直颤。我现在最怕过周末，你们总在房间里开晚会，一闹就闹到后半夜。你们喜欢音乐，喜欢热闹,我能理解,你们可以到外面去唱歌,去跳舞,回到房间以后,能不能安静一点儿。这个意见我已经跟你们提过几次了,我希望这是最后一次。大家一个楼住着,应该互相照顾,互相理解,互相体谅。你们说,是这个道理吧?

(三)

尼娜,你现在有时间吗?我想跟你谈谈。咱俩住在一个宿舍已经有一个多月了吧?你在学习上对我帮助很大。可是我对你的生活习惯很不适应。我这个人喜欢干净、整洁,不管什么东西,用完了,该放哪儿就放哪儿。你呢,对自己的东西好像就没有整理的习惯,早上起床也不叠被子,书和袜子放在一起,桌上、地上到处是垃圾,我天天打扫,房间里还是很脏。我真是不能继续忍受下去了。说实话,我都不好意思让朋友到我们的宿舍来。

我知道,我不应该强求别人跟自己一样,可是养成一个好的卫生习惯对你的健康也有好处。每天整理一下房间也花不了多少时间,就算是为我着想,经常打扫打扫房间好吗?要是你还是这样下去,恕我直言,我只能考虑换一个房间了。

第十三课　农村的印象

热身话题

1. 你去过中国的农村吗？去过什么地方的农村？谈谈你的感受。
2. 如果你有机会去农村，你最想了解的是哪些方面的情况？

（学校组织部分留学生到郊区农村参观，回来后玛丽和迈克在班上做了口头报告。）

玛　丽：　一提到中国的农村，我的脑子里总是有这么一种印象：荒凉的土地上，有一些用泥和茅草盖的房子。那里没有电，也没有水，晚上只能用小油灯照个亮，用水要到几里地以外的地方去挑。这种印象大概是从中国的一部电影中得来的，所以来中国以前，中国的农村给我的感觉是很贫穷的。我想大多数同学也和我有同感。这次学校组织我们去农村参观，却改变了我多年的印象。

　　　　　我们去的地方离我们住的城市不远，汽车在高速公路

上只跑了三个多小时就到了。那天天气特别好,一路上山清水秀,远离了城市的嘈杂和污染,让人觉得心情舒畅,悠闲自在。我们参观的是一个以种植绿色蔬菜闻名的村子,这里的绿色蔬菜不但供应中国国内,还远销到国外。我们参观了种植蔬菜的温室,还和农民一起参加了采摘活动。看着农民们脸上灿烂的笑容,我怎么也不能把他们的生活和我印象中的贫穷联系在一起。

中午我们在农民家里吃饭。尽管我事先想到:我们去的可能是比较富裕的地方,可这里的一切还是使我大吃一惊。农民的住房很漂亮,我进去的那一家,家具和电器挺全挺新的。这家只有五口人,却住着一栋两层的小楼。

我听到有的同学表示怀疑,中国的农村是这样的吗?这么现代化的地方还能叫农村吗?我倒是觉得,把美好的一面拿出来让别人看,是人之常情。我想起的是另外一个问题:农村和现代化到底有什么样的关系?是互相矛盾的吗?农村和贫穷有不可分开的关系吗?虽然这次我也觉得有一点遗憾,感觉中国地道的农村味儿好像都没有了似的,但是如果我们因为想保留印象中的农村,就让农民永远像以前那样生活,是不是有点儿自私呢?我想现代化也好,保留原来的农村味儿也好,最重要的还是让农民的生活越过越好。如果为了品尝中国地道的农村味儿,就特意找一些贫穷的地方去看,我们看到的就算是中国地道的农村吗?如果农村只是意味着贫穷,那我宁愿农村没有农村味儿。

迈　克:　我在国内的时候,常去养老院做义工,所以这次去农村实习,我对敬老院的情况特别感兴趣。我参观的敬老院里住

着几十位老人,这些老人大多是本村的,有的是一个人住在这里,有的是老两口。房间有服务员打扫,吃饭有食堂,看病有医务室。在这里,每天除了一日三餐,老人们可以看电视、打牌、散步、聊天儿,有时还一起练练气功。老人的子女也常来看他们,有时接他们回家住几天。老人看见我们这些蓝眼睛、大鼻子的外国人来看他们,高兴得不行,拉着我们的手,东一句,西一句地聊个没够,又是说,又是笑,好像看见多年没见的老朋友似的。

正因为这里的设施和服务都不错,所以近年来有不少人想让老人到敬老院里来。我问了几位老人,他们对这里的生活都挺满意的。但是在我和他们交谈的时候,我可以从老人的眼里看出他们很孤独,很想跟别人交流。我们走的时候,他们都舍不得我们离开。在和老人们的交流中我们了解到:经济的发展改变了农民的生活方式,不少老人的子女成了乡镇企业的工人。生活节奏加快了,这种生活方式的改变带给他们比较富裕的生活,同时也带来了一定的负面影响,比如没有足够的时间照顾老人。在中国的传统观念中,四世同堂的大家庭是最让人羡慕的。对吃惯了苦的中国老人来说,对物质条件的要求并不高,他们更注重天伦之乐。可是很多子女却不这样想,他们认为花大笔的钱,把老人送进现代化的敬老院才是孝顺父母。这样,尽管老人的物质生活好多了,可是他们真正享受家庭幸福的时间和机会却少了。我不希望中国传统的家庭温暖因为经济的发展而减少。

词　语

1. 口头	（名）	kǒutóu	oral
2. 荒凉	（形）	huāngliáng	bleak and desolate
3. 泥	（名）	ní	mud
4. 茅草	（名）	máocǎo	thatch
5. 油灯	（名）	yóudēng	oil lamp
6. 挑	（动）	tiāo	to carry on the shoulder; to shoulder
7. 贫穷	（形）	pínqióng	poor
8. 山清水秀		shānqīng shuǐxiù	green hills and clear waters
9. 嘈杂	（形）	cāozá	noisy
10. 舒畅	（形）	shūchàng	relax; happy
11. 种植	（动）	zhòngzhí	to plant
12. 供应	（动）	gōngyìng	to supply
13. 远销		yuǎn xiāo	to sell to faraway places
14. 温室	（名）	wēnshì	hothouse
15. 采摘	（动）	cǎizhāi	to pick
16. 灿烂	（形）	cànlàn	bright
17. 笑容	（名）	xiàoróng	smile
18. 栋	（量）	dòng	(measure word for housing)
19. 人之常情		rénzhīchángqíng	human nature
20. 矛盾	（形、名）	máodùn	contradictory; contradiction
21. 地道	（形）	dìdao	genuine
22. 自私	（形）	zìsī	selfish
23. 品尝	（动）	pǐncháng	to taste
24. 特意	（副）	tèyì	for a special purpose

25. 意味	（动）	yìwèi	to mean
26. 宁愿	（连）	nìngyuàn	would rather
27. 养老院	（名）	yǎnglǎoyuàn	old people's home
28. 义工	（名）	yìgōng	volunteer staff
29. 医务室	（名）	yīwùshì	clinic
30. 设施	（名）	shèshī	installation
31. 孤独	（形）	gūdú	lonely
32. 乡镇	（名）	xiāngzhèn	town
33. 负面	（名）	fùmiàn	negative
34. 天伦之乐		tiānlúnzhīlè	happiness of a family living together
35. 笔	（量）	bǐ	(measure word used to indicate sums of money or business)
36. 孝顺	（形、动）	xiàoshùn	to show filial obedience
37. 温暖	（形）	wēnnuǎn	warm

注　释

1. 绿色蔬菜　　　　指无公害、无污染,安全、优质、有营养的蔬菜。
2. 敬老院　　　　　由政府或集体举办的收养老人的机构,也称养老院。
3. 四世同堂　　　　四代人生活在一起的大家庭。

语句理解

1. 现代化也好,保留原来的农村味儿也好

"……也好,……也好"表示在任何情况下都如此。比如:

(1) 明天我们打算一起去郊区,你去也好,不去也好,今天晚上告诉我一下。

(2) 篮球也好,足球也好,我都没什么兴趣。

2. 高兴得不行

"……得不行"表示程度很高。比如:

(1) 拿着刚刚收到的救灾款,老人激动得不行。

(2) 他接到家里的电话,说他心爱的狗死了,这消息让他难过得不行。

3. 东一句,西一句地聊个没够

"东……,西……"表示没有什么明确的中心,随意地做某事。比如:

(1) 甲:昨天你们开会,做出什么决定了?

乙:咳!大家东一嘴,西一嘴的,争论了半天,什么决定也没做出来。

(2) 甲:你在这儿找什么哪? 东抓一把,西抓一把的。

乙:我的护照找不着了。

4. 又是说,又是笑

"又是……,又是……"强调几种行为同时存在。比如:

(1) 甲:昨天晚上的演唱会怎么样?

乙:热闹极了! 台上的歌手又是唱,又是跳,台下的观众又是喊,又是叫。

(2) 甲:你第一次去男朋友家,他的家人对你怎么样?

乙:可热情啦,他妈妈又是倒茶,又是拿水果,还给我看男朋友小时候的照片呢。

练 习

一 成段朗读,注意疑问句、设问句和反问句的区别,体会段落中辩驳的语气:

　　我听到有的同学表示怀疑,中国的农村是这样的吗?这么现代化的地方还能叫农村吗?我倒是觉得,把美好的一面拿出来让别人看,是人之常情。我想起的是另外一个问题:农村和现代化到底有什么样的关系?是互相矛盾的吗?农村和贫穷有不可分开的关系吗?虽然这次我也觉得有一点遗憾,感觉中国地道的农村味儿好像都没有了似的,但是如果我们因为想保留印象中的农村,就让农民永远像以前那样生活,是不是有点儿自私呢?

　　我想现代化也好,保留原来的农村味儿也好,最重要的还是让农民的生活越过越好。如果为了品尝中国地道的农村味儿,就特意找一些贫穷的地方去看,我们看到的就算是中国地道的农村了吗?如果农村只是意味着贫穷,那我宁愿农村没有农村味儿。

二 给下面的形容词搭配几个适当的词语:

荒凉　　　　贫穷　　　　嘈杂　　　　灿烂

地道　　　　自私　　　　孤独　　　　温暖

三 用指定的词语完成下面的对话,然后用它做模仿会话练习:

1. 甲:听说在那个市场买东西很便宜,是吗?

　　乙:＿＿＿＿＿＿＿＿。(只……就……)

2. 甲:你要回国,那这些电器和家具你打算怎么处理?

　　乙:＿＿＿＿＿＿＿＿。(……也好,……也好)

3. 甲:最近你怎么一直没跟我们联系?

　　乙:＿＿＿＿＿＿＿＿。(……得不行)

4. 甲:您为什么给我的作文那么低的分数呢?

　　乙:＿＿＿＿＿＿＿＿。(东……,西……)

5. 甲：该上课了，他们怎么还不回教室？

　　乙：＿＿＿＿＿＿＿＿。（……个没够）

6. 甲：不就是准备一顿饭吗？你们怎么花这么长的时间？

　　乙：＿＿＿＿＿＿＿＿。（又是……，又是……）

四　请你说说：

1. 去了解农民的生活是不是最好住在农民家中？

2. 农村走向现代化以后，是不是还应该叫农村？

3. 怎样才算是真正了解中国的农村？

4. 你怎么看中国四世同堂的家庭观念？

五　就以下论点分正方与反方进行辩论：

老人住在敬老院比住在家里好；

老人住在家里比住在敬老院好。

六　成段表达：

请说一说你们国家农村的情况及其与城市的主要差别。

七　社会调查：

去郊区农村去过一个周末，并和当地的农民谈谈，了解他们的生产与生活，回校后向全班同学汇报。

第十四课 "好人老李"的故事

热身话题

1. 你看到别人有困难时会主动帮他的忙吗?
2. 你愿意接受别人的主动帮助吗?

(大卫认识了一个姓李的朋友。用大卫的话说,那可是一个大大的好人 。他喜欢帮助别人,可也常常被人误会,就像他自己说的:"好心没好报。"大家都叫他"好人老李",大卫也这么叫他。他常和大卫聊天儿,也常说起"好人难做"的委屈,而且总是说:"这种事以后我再也不管了!"可下一次去聊天儿,他又有新故事了,让大卫觉得很有意思。下面就是老李讲给大卫的几件事)

"没伤着就算完了?"

你说,世界上有这么不讲理的吗?那天我下班骑车回家,刚从单位大门里出来,就看见一个骑车的把一个过马路的小男孩儿撞倒了。

那骑车的一看周围没什么人，骑上车就跑了。我赶快跑过去，把小男孩儿扶起来，上下看了看，还好，没伤着，就是裤子破了。我想，好事做到底吧，就把这孩子送回家了。可谁知碰上个不讲理的家长，硬说是我把她的孩子撞了，我跟她说不清楚，只好说："好，好，就算是我撞的，行了吧？好歹孩子没伤着。"你知这位妈妈说什么？"没伤着？没伤着就算完了？赔我们孩子的裤子！不赔别想走！"结果，好人没当成，倒赔了一条裤子钱。你说这叫什么事啊！

"你这不是成心跟我过不去吗？"

这当领导的，就得有当领导的样儿，你说对不？我们那位科长可不行，平时穿衣服就没个样儿，常让年轻人取笑，还不长记性。前几天科长召集大家开会，我去晚了。等我办完事走进办公室的时候，我们这位科长正站在那儿给大家讲话呢，可看大家的表情，好像都没注意听他讲话，一个个在那儿嘀嘀咕咕的。我觉得不对劲儿，抬头一看，好嘛，是他裤子的拉链没拉上，我说女士们怎么都不敢抬头呢！这也太不像话了！我一急，就提醒了他一句，把他闹了个大红脸。开完会，他叫我留下来，

怒气冲冲地对我说:"你这不是成心跟我过不去吗?"把我骂了一顿。你说我冤不冤哪?

"跟我们走一趟!"

　　说起这事来,最让人窝火儿了。我有一个朋友,最近结了婚。他那位在一家歌厅工作,每天下班很晚,都是我那朋友去接她。那天我朋友出差,当天赶不回来,就托我在他那位下班的时候,帮着照应一下。我说:"行啊,陪你太太成双成对地在马路上走咱不敢,我就跟在后面暗中保护吧。"到了晚上,他那位下班回家,一个人往家走,我就悄悄地跟在后边。开始她还没觉出什么,后来她感觉到有人跟着她,就越走越快了。到了一个小胡同里,她一看前后左右没别人,吓得拼命往前跑,我想她肯定误会了,就一边追,一边喊:"哎,别跑!你听我说呀!"这一喊不要紧,她跑得更快了,正好胡同口来了俩警察,她冲着警察就喊:"救命啊!有坏人追我!"这下我可惨了,警察一把抓住我说:"跟我们走一趟!"也不听我解释,硬把我带到公安局去了。到了那儿,又是看证件,又是打电话,直到我们单位的领导替我担保,警察才把我放了,

回到家都后半夜了。更要命的是这事不知被谁传出来了，说我半夜跟踪年轻姑娘，不管我怎么解释，人家都似信非信地说一句："是吗？"我真是跳进黄河也洗不清了。

"要是不贴布告你能拿出来吗？"

这事说起来也怪我。那天我回家早，刚到家，就下起雨来了。我见院子里晾着几件衣服，不知是谁家的——人家还都没下班呢！我怕衣服让雨淋湿了，就把衣服摘下来拿回我家，心想待会儿等大家回来了，问清楚是谁家的再给他送去。可事情就是那么巧，我接到老家来的一封电报，说我母亲病重。我急急忙忙回老家了，也就把收衣服的事给忘了。过两天回来，见院子里贴着一张布告，说本院发现小偷，专偷晾在院子里的衣服，请大家提高警惕。我一看又误会了，赶忙把衣服拿出来，问是谁家的。嘿！你没见那一个个的表情呢，好像都在对我说："要是不贴布告你能拿出来吗？"你说，以后这事咱还能管吗？

词 语

1. 讲理			jiǎng lǐ	to be reasonable
2. 硬	（副）		yìng	stubbornly
3. 好歹	（副）		hǎodǎi	in any case
4. 成心	（形）		chéngxīn	on purpose
5. 科长	（名）		kēzhǎng	section chief
6. 取笑	（动）		qǔxiào	to make fun of；to laugh at
7. 记性	（名）		jìxing	memory
8. 召集	（动）		zhàojí	to call together
9. 嘀嘀咕咕			dídigūgū	to whisper
10. 不对劲儿			bú duìjìnr	abnormal；queer
11. 拉链	（名）		lāliàn	zipper
12. 提醒	（动）		tíxǐng	to remind
13. 怒气冲冲			nùqìchōngchōng	furiously
14. 冤	（形）		yuān	wrong；injustice
15. 窝火儿			wō huǒr	to be simmering with rage
16. 托	（动）		tuō	to ask
17. 照应	（动）		zhàoying	to look after；to care for
18. 成双成对			chéngshuāng chéngduì	in pairs
19. 暗中	（副）		ànzhōng	in secret
20. 保护	（动）		bǎohù	to protect
21. 悄悄	（副）		qiāoqiāo	quietly；stealthily
22. 拼命			pīn mìng	desperately
23. 追	（动）		zhuī	to chase
24. 救命			jiù mìng	Help! to save one's life
25. 公安局	（名）		gōng'ānjú	public security bureau

26. 担保	（动）	dānbǎo	to assure; to guarantee
27. 传	（动）	chuán	to spread
28. 跟踪	（动）	gēnzōng	to tail
29. 似信非信		sìxìnfēixìn	not quite convinced
30. 布告	（名）	bùgào	notice
31. 晾	（动）	liàng	to dry by airing or in the sun
32. 淋	（动）	lín	to drench
33. 摘	（动）	zhāi	to take off; to pick
34. 老家	（名）	lǎojiā	hometown
35. 电报	（名）	diànbào	telegram
36. 小偷	（名）	xiǎotōu	thief
37. 专	（副）	zhuān	specially
38. 偷	（动）	tōu	to steal
39. 警惕	（动）	jǐngtì	to be on guard against

◯ 注 释

1. 好心没好报　　　做了好事却没有得到好的报答。
2. 跳进黄河也洗不清　指背上了难以解释清楚的罪名，无法使人相信自己的
　　　　　　　　　　清白。

1. 我跟她说不清楚

   "跟……说不清楚"表示因对方不想听自己解释或听不懂自己的话,而无法与对方沟通。比如:

   (1) 甲:我不管是什么原因,反正是你撞了我。

   　　乙:我跟你说不清楚,咱们还是叫警察来解决吧。

   (2) 甲:这种事情在我们国家就很正常。

   　　乙:可这是在中国,你们不了解中国的国情,我跟你们说不清楚。

2. 这叫什么事啊

   表示对发生的事情不理解或不能接受。比如:

   (1) 刚买的自行车就让人偷走了,这叫什么事啊!

   (2) 这么热的天停电停水,你说这叫什么事啊!

3. 这一喊不要紧,她跑得更快了

   "这一……不要紧"强调由于某一言行造成后面所说的麻烦。比如:

   (1) 甲:你的衣服怎么这么小哇?

   　　乙:别提了!吃饭的时候弄脏了,我洗了洗。这一洗不要紧,衣服缩(suō)了两厘米(límǐ)。

   (2) 甲:我不是让你别紧张吗?

   　　乙:还说呢!本来我不紧张,你这一说不要紧,我倒紧张起来了。

138

练 习

一　成段朗读，体会段落中申诉的语气：

你说，世界上有这么不讲理的吗？那天我下班骑车回家，刚从单位大门里出来，就看见一个骑车的把一个过马路的小男孩儿撞倒了。那骑车的一看周围没什么人，骑上车就跑了。我赶快跑过去，把小男孩儿扶起来，上下看了看，还好，没伤着，就是裤子破了。我想，好事做到底吧，就把这孩子送回家了。可谁知碰上个不讲理的家长，硬说是我把她的孩子撞了，我跟她说不清楚，只好说："好，好，就算是我撞的，行了吧？好歹孩子没伤着。"你知这位妈妈说什么？"没伤着？没伤着就算完了？赔我们孩子的裤子！不赔别想走！"结果，好人没当成，倒赔了一条裤子钱。你说这叫什么事啊！

二　替换划线部分的词语，然后各说一句完整的话或用于对话中：

1. 我再也不<u>管</u>了！

　　写

　　回来

　　理你

2. 有这么<u>不讲理</u>的吗？

　　开车

　　卖东西

　　欺负人

3. 就算是我<u>撞</u>的，行了吧？

　　扔

　　弄丢

　　告诉她

4. 你这不是成心<u>跟我过不去</u>吗？

　　气我

　　让她为难

　　不让我及格

5. 更要命的是这事不知被谁传出来了。

> 他把护照也丢了
> 我忘了自己住的是什么饭店
> 她怀了孕

三　回答下列问题,用上下面句子中划线部分的词语:

1. 遇到不讲理的人,你怎么办?

2. 在什么情况下,你觉得最让你窝火儿?

3. 什么时候你会大喊"救命"?

4. 谈一件你似信非信的事。

四　读下面的几组句子,体会划线部分词语的意思,并模仿会话:

1. ①你好歹帮她想个办法呀!

　②出国学习一趟不容易,好歹也得把学位拿到手哇!

　③你在北京比我强,好歹有个朋友。

2. ①这一忙不要紧,把飞机票落在家里了。

　②这一搬家不要紧,把我们两口子都累病了。

　③她这一哭不要紧,我都不知道怎么办才好了。

五　请你说说:

1. 你相信"好心有好报"这句话吗?你有过"好心没好报"的经历吗?

2. 你看到领导身上的毛病会给他指出来吗?用什么方法?

3. 当别人误会了你的好心时你会怎么做?

4. 一个人在别人有了麻烦事的时候不去帮忙,你会认为他自私吗?为什么?

六　复述:

以第三人称的口吻,讲述发生在老李身上的几件事。

七 讲演：

好人难做。

八 看图说话：

七 讲演：

好人难做。

八 看图说话：

第十五课 《长寿指南》(相声)

热身话题

1. 根据你自己的经验谈谈运动对身体健康的好处。你认为人怎样才能长寿?
2. 你听过相声吗? 能说出著名的相声演员的名字吗?

(大卫最近迷上了中国的相声艺术,他拜了一位有名的相声演员为师,每星期去老师家学几次,现在还真能说几段了。下面就是他和老师在电视台举办的晚会上表演的一段相声……)

甲: 各位朋友,您想健康长寿吗? 您想永不衰老吗? 您想青春常在吗? 请订阅我们的《长寿指南》杂志吧!

乙: 哎呀,《长寿指南》是你们办的呀? 太好了! 你知道吗? 我正想找你们哪。

甲: 是吗? 看来您是我们《长寿指南》的忠实读者了?

乙: 那可不是! 你们的杂志是今年创刊的,俩月出一期,一共出了四期,没错吧? 告诉你,你们的《长寿指南》我每期都买,买了就读,

读了就照上面说的去做。

甲： 真的？你觉得身体有什么变化？

乙： 变化太大了！

甲： 快跟大伙儿说说。

乙： 各位朋友，我这个人从小身体就不好，岁数越大毛病越多：高血压、心脏病、糖尿病……咱们这么说吧，凡是中老年人容易得的病，我都得上了。自从在小书摊上发现他们这本《长寿指南》，可把我乐坏了，一下子买了五本……

甲： 买那么多干吗？

乙： 为了看着方便哪！我枕头边放一本，饭桌上放一本，办公桌上放一本，手提包里放一本，厕所里也放一本，走到哪儿看到哪儿。

甲： 您这种精神真令人感动。怎么样？有收获吧？

乙： 看第一期的时候，觉得收获还真不小。那些文章的名字我还都记着呢，什么"生命在于运动"、"饭后百步走，能活九十九"、"身体就怕不动，脑子就怕不用"……我一想，说来说去，不就是让我多活动活动嘛！好，你怎么说我就怎么做：早晨围着我们的楼群跑它十圈；中午别人休息，我一个人跑楼梯，从一楼跑到楼顶再跑下来；晚上不管多晚，我都打几遍太极拳。

甲： 感觉怎么样？

乙： 你还别说，身子感到轻松多了。

甲： （得意地）我说什么来着？看我们的杂志只有好处没有坏处。

乙： 要是只看第一期，也就没事了，坏就坏在我又买了第二期。

甲： 第二期怎么了？

乙： 和第一期唱上反调了。有一篇文章叫做"'生命在于运动'质疑"，说什么"生命在于静止"，最可气的是举的那个例子，说乌龟之所以长寿，就是因为它很少活动。这是从哪儿说起呀！

甲：可这话听起来也有道理嘛！

乙：还有一篇文章说，高血压患者饭后一定要卧床休息，千万不要活动。

甲：是有这么说的。

乙：我一看吓坏了，再也不敢活动了，每天吃饱了一躺，这下倒好，眼看着我就跟那气球似地一下子胖了起来。

甲：胖点儿倒不要紧，关键是别有病。

乙：过了没多久，你们的第三期又出来了。我买回家一看：得，又得变。

甲：这期又怎么了？

乙：这期第一篇就是"有钱难买老来瘦"。

甲：这话没错儿，常听人们这么说。

乙：这期的文章里，动员人们减肥。还规定了"五不吃"：肥肉不吃，糖不吃，鸡蛋黄不吃，冰激凌不吃，点心不吃。你说，这都是我爱吃的东西，要是都不让吃，那活着还有什么意思呢？

甲：话不能这么说。只要能长寿，少吃点儿也没什么。

乙：我当时也这么想。咬咬牙，把这些东西都忌了。这些天，我饿得两眼发黑，走路直打晃儿，外面一刮风，连门都不敢出，怕让风吹倒喽。两个月下来，我的体重减少了十公斤。你看我现在瘦的！这可真是"长寿"了——又长又瘦。

甲：可这对你的健康有好处哇！有好处你就得坚持。

乙：我倒想坚持呢，可你们的第四期又出来了，我买来一看，把我气得……！（对观众）你们猜第一篇文章写的是什么？——"想长寿，吃肥肉"。

甲：这我还真听说过。说有一个老太太，每天晚上吃一碗红烧肉，结果活到一百多岁。

乙：文章里还说经科学家考证，胖子的平均寿命比瘦子长。你说，这不是耍我呢吗？早知道吃肥肉也能长寿，我何必减肥，自己折磨自己呢？我呀，再这么折腾下去，别说长寿了，能不能活过今年还难说呢。

甲：别这么悲观。好日子还在后头呢！

乙：你别拿好听的话来哄我。今天你当着大家的面，能不能跟我们说句实话：到底怎么做才能长寿？

甲：这……（对观众）各位朋友，想知道怎么做才能长寿吗？我们的第五期《长寿指南》就要出版了，答案就在里面，欢迎大家踊跃购买！

（根据牛群、冯巩合说相声《无所适从》改写）

⚫ 词　语

1. 长寿	（形）	chángshòu	long life
2. 指南	（名）	zhǐnán	guide
3. 衰老	（形）	shuāilǎo	aged
4. 订阅	（动）	dìngyuè	to subscribe to (a newspaper, periodical, etc.)
5. 忠实	（形）	zhōngshí	faithful
6. 创刊		chuàng kān	to start publication
7. 期	（量）	qī	(measure word for issues of papers, etc.)
8. 大伙儿	（名）	dàhuǒr	everybody
9. 高血压	（名）	gāoxuèyā	high blood pressure; hypertension

10. 心脏病	（名）	xīnzàngbìng	heart disease
11. 糖尿病	（名）	tángniàobìng	diabetes
12. 枕头	（名）	zhěntou	pillow
13. 在于	（动）	zàiyú	to lie in
14. 楼梯	（名）	lóutī	stairs
15. 唱反调		chàng fǎndiào	to deliberately speak or act contrary to
16. 质疑	（动）	zhìyí	to query
17. 可气	（形）	kěqì	annoying
18. 乌龟	（名）	wūguī	tortoise
19. 患者	（名）	huànzhě	patient
20. 卧床		wò chuáng	to lie in bed
21. 气球	（名）	qìqiú	balloon
22. 鸡蛋黄	（名）	jīdànhuáng	yolk
23. 冰激凌	（名）	bīngjīlíng	ice-cream
24. 忌	（动）	jì	to give up; to avoid
25. 打晃儿		dǎ huàngr	to shake
26. 红烧肉	（名）	hóngshāoròu	stewed pork with brown sause
27. 考证	（动）	kǎozhèng	to research
28. 寿命	（名）	shòumìng	life
29. 耍	（动）	shuǎ	to make fun of
30. 何必	（副）	hébì	why bother
31. 折磨	（动）	zhémó	to cause physical or mental suffering
32. 折腾	（动）	zhēteng	to do sth.over and over again; to cause physical or mental suffering
33. 悲观	（形）	bēiguān	pessimistic

| 34. 答案 | （名） | dá'àn | answer |
| 35. 踊跃 | （形） | yǒngyuè | eagerly；enthusiastically |

注 释

1. 相（xiàng）声　　　中国一种说唱艺术,以说笑话、幽默问答、学说学唱等方式逗引观众发笑,内容多用于讽刺,以二人表演的对口相声为主,也有一人说的单口相声和多人说的群口相声。

2. 跑它十圈　　　　　"它"在这里是虚指,没有什么特别的意义,也可以写成"他",用于口语,语气比较随便。

语句理解

1. 这是从哪儿说起呀！

　　表示对方所说的话没有根据或不该这么说,带有不满的语气。比如:

（1）甲：听说你昨天被警察叫去了。

　　乙：这是从哪儿说起呀! 昨天我在图书馆看了一天书,哪儿都没去。

（2）甲：他要辞职? 这么大的事,你们怎么不告诉我?

　　乙：这是从哪儿说起呀,前天我就把他的辞职报告放在您的办公桌上了。

2. 话不能这么说

用于反驳别人的说法或指责。比如:

（1）甲：现在有钱什么都可以买到。

　　乙：话不能这么说,爱情不是能用钱买来的。

（2）甲：便宜没好货。

乙：话不能这么说呀，现在物美价廉的东西也不少。

3. 这下倒好

表示事情的结果与做事人的意愿相反，结果往往是不好的。比如：

(1) 你老把孩子关在屋子里学习，也不让他锻炼，这下倒好，关出病来了吧？

(2) 甲：其实我早就到约会地点了，只是想考验他有没有耐心等我。

乙：这下倒好，把男朋友考验跑了。

4. 能不能活过今年还难说呢

"能不能……还难说呢"表示是否如愿还不一定。比如：

(1) 甲：你儿子学习不错，考大学应该没问题！

乙：现在高考竞争这么厉害，能不能考上还难说呢。

(2) 甲：你放假要去海南旅行？

乙：是想去，不过现在事情这么多，到时候能不能去成还难说呢。

⬤ 练 习

◆ 一 成段朗读，体会段落中责难的语气：

（一）

要是只看第一期，也就没事了，坏就坏在我又买了第二期，和第一期唱上反调了。有一篇文章叫做"'生命在于运动'质疑"，说什么"生命在于静止"，最可气的是举的那个例子，说乌龟之所以长寿，就是因为它很少活动。这是从哪儿说起呀！

（二）

　　我倒想坚持呢，可你们的第四期又出来了，我买来一看，把我气得……！你们猜第一篇文章写的是什么？——"想长寿，吃肥肉"。文章里还说经科学家考证，胖子的平均寿命比瘦子长。你说，这不是耍我呢吗？早知道吃肥肉也能长寿，我何必减肥，自己折磨自己呢？我呀，再这么折腾下去，别说长寿了，能不能活过今年还难说呢。

二　模仿例句，把下面的短语扩展成完整的话：

1. 坏就坏在我又买了第二期。

　　难就难在

　　好就好在

　　舒服就舒服在

2. 最可气的是举的那个例子。

　　最倒霉的是

　　最可笑的是

　　最有意思的是

3. 胖点儿倒不要紧，关键是别有病。

　　长点儿倒不要紧，关键是……

　　多点儿倒不要紧，关键是……

　　辛苦点儿倒不要紧，关键是……

三　完成下面的对话，然后用上带点儿的词语做模仿会话练习：

1. 甲：他做过哪些坏事？

　　乙：＿＿＿、＿＿＿、＿＿＿……咱们这么说吧，＿＿＿＿。

2. 甲：你是不是说我考试作弊？

　　乙：这是从哪儿说起呀！＿＿＿＿＿。

3. 甲：听说豆腐和菠菜不能一起吃。

　　乙：是有这么说的,_____。

4. 甲：我打了孩子,是想让他知道他做错了。

　　乙：这下倒好,_____。

5. 甲：听说你要去国外讲学,是吗?

　　乙：_____,能不能_____还难说呢。

四　查词典,了解下面语句的意义,然后用"话不能这么说"或"可以这么说"谈
　　谈你对这些语句的看法:

1. 人为财死,鸟为食亡

2. 无商不奸

3. 知足常乐

4. 人定胜天

五　请你说说:

1. 举例说说身体不好的人应该选择哪些运动方式?

2. 哪些食品吃多了对人的健康没有好处?

3. 说出几种对身体健康不利的生活习惯。

4. 你认为人怎样才能长寿?

六　读下面的两个小对话,谈谈你在生活中经历过的类似的事情:

该不该吃皮

儿子：爸爸,你说话怎么变来变去?昨天我吃苹果,你让我带皮吃,今天却又
　　　让我削了皮再吃。

爸爸：我有什么办法?昨天报上说苹果皮含有大量维生素 C,可今天报上讲
　　　的是苹果皮上有农药污染。

转　床

甲：您的床怎么会转？

乙：咳！都是让报纸闹的。报上一会儿说头朝南睡好，一会儿说头朝北睡好，一会儿又说头对着东睡好，我要是不弄个转床，怎么应付得过来呀？

七　创作表演：

从第十九课《"好人老李"的故事》中任选一段，模仿课文把它改编成相声，进行表演。

● 补充材料

减　肥（三则）

（一）

——我妻子想减肥，所以她每天都去骑马。

——结果怎样？

——马在一个月之中瘦了十公斤。

（二）

一个人从疗养院发出一封电报："来此一个月，减肥成绩良好，体重已轻了一半，我什么时候才能回来呢？"

他妻子回电说："那就再住一个月吧。"

（三）

甲：最近我的妻子想减肥，让我每天给她抹电视里说的那种减肥霜。

乙：效果如何？

甲：咳，不到一个月，我瘦了五公斤！

第十六课　祝你一路顺风

1. 如果你现在要回国,打算给家里人和朋友买些什么礼物?
2. 你现在居住的城市有哪些工艺品商店?试着说出几种你知道的中国工艺品的名称。
3. 你能用汉语说出人们在告别时常说的话吗?

　　(一年的留学生活就要结束了,是走?还是留?来自各国的留学生各有各的打算。这几天大家只要凑到一起,总会谈到这个话题……)

(一)我挺舍不得离开这个城市的

(玛丽、大卫、田中和安娜在留学生食堂边吃边聊……)

玛　丽:　大卫,订飞机票了吗?

大　卫:　不着急,我打算过一段时间再走。我挺舍不得离开这个城市的,想在这里的美国公司找个工作。不过听说他们对职

员的汉语水平要求挺高的,我觉得心里没底儿。

玛　丽：你还没底儿?我看你现在说话比中国人还中国人。

大　卫：要是你做那个公司的老板就好了。别说我了,你们有什么
打算?

玛　丽：我呀,已经决定延长一年,到历史系去进修。安娜呢,大概
连期末考试都不想参加了,她的心早就飞回家去了。

安　娜：玛丽,说句实话,你就不想早点儿回家?这几天你可没少往
家里打电话!我着急回去,主要还是为了工作。现在找工作
越来越难,我真担心回去后找不到合适的工作。

玛　丽：田中,听说你暑假不回国?

田　中：是啊,我参加了一个大学生社会调查团,到中国的西北地
区去做些调查,回来还得写调查报告呢。

大　卫：安娜,你开始收拾行李了吗?

安　娜：急什么!还早着呢!提起收拾行李我就头疼。住了一年,东
西没少买,乱七八糟什么都有。都带回去吧,有的也没多大
用处,可是扔下哪一样我都舍不得。

玛　丽：我也有这种感觉。有些东西,别看它们值不了几个钱,可都
有它们的来历呢!看见它们,就会使我想起和它们有关的
一个个小故事……

安　娜：看我们的玛丽,说着说着就动感情了。摄像机呢?快把这
精彩镜头拍下来!

玛　丽：你呀,开玩笑没够。哎,大卫,我暑假也得回趟国,你说我该
给朋友和家里人买些什么好呢?

大　卫：可买的东西有的是呀,茶叶啦,酒啦,工艺品啦,印有校名
的 T 恤衫啦,要是觉得还不够,再带上两只烤鸭……

玛　丽：那能带吗?我最想买的是艺术品,可又不知哪些是有中国

特色的。

安　娜：这还不好办？明天我跟你去趟工艺品商店，看什么好买什么不就行了？

玛　丽：这倒是个好主意。

（二）我想买一些有中国特色的工艺品

（玛丽和安娜在商店选购工艺品……）

售货员：请问您想买点儿什么？

玛　丽：我想买点儿有中国特色的工艺品，回国以后送给家里人和朋友，您看我买什么好？

售货员：(边指边说)那要看您喜欢什么了。我看很多外国朋友喜欢买一些字画；也有的喜欢买印章或者买下几块印石再刻上朋友的名字；我们这儿的文房四宝挺受欢迎的。那边的小工艺品，像泥人、彩蛋、剪纸都可以当作礼物送给朋友。

安　娜：这些带蓝花的笔呀，筷子呀挺漂亮的。

售货员：这些都是景泰蓝制品，送人是再理想不过的了。

玛　丽：我给妈妈买点儿什么好呢？

售货员：买条真丝围巾怎么样？或者买件手工刺绣的衬衫？还有这些玉石做的首饰，都是抢手货。

安　娜：要买的东西太多了！

玛　丽：我觉得哪一样都值得买，真想把整个商店都搬回家去。

安　娜：别光想着买，钱带够了没有哇？

（三）后会有期

（安娜要回国了，她的朋友们都来为她送行。面对朋友，安娜心里很不平静……）

安　娜：天天盼着回家，真到了这一天，又舍不得走了。想起刚来的时候，一个朋友也没有，整天给家里发信哪，打电话呀，除了上课不知道干什么好。那时候，翻着日历算日子，只想着早点儿回去。可现在，马上要回去了，有这么多朋友来送我，我心里又有一种酸酸的感觉，真想跟玛丽一样，不走了，再延长一年。想想这一年跟大家一起学习，一起玩儿，有很多事真是一辈子也忘不了的。唉，真像做了一场梦，刚梦到最快乐的时候，一下子就醒过来了。

田　中：大家都会有这一天的。

山　本：是啊，天下没有不散的筵席，以后咱们多联系吧。

玛　丽：想起一年前咱们谁也不认识谁，竟会在中国成为朋友，这也算是一种缘分吧。安娜，真不想让你离开我们。

大　卫：看你，她心情刚好一点儿，你又来惹她。

王　峰：安娜，还记得"有缘千里来相会"那句话吗？我想咱们以后会有机会见面的。

安　娜：是啊，以后你们谁去英国，可一定得告诉我呀！

大　卫：那是当然。安娜，车来了，快上车吧，咱们后会有期。

（安娜和玛丽、大卫等一一吻别。并和王峰等人握手告别。）

安　娜：（对王峰）希望能在我的家乡再见到你。

王　峰：也欢迎你再来中国。

安　娜：（转身上了车，从车窗里伸出手来）再见！别忘了给我写信。
众　人：再见！祝你一路顺风！

词　语

1. 一路顺风		yílùshùnfēng	to have a pleasant journey
2. 延长	（动）	yáncháng	to extend
3. 行李	（名）	xíngli	luggage
4. 乱七八糟		luànqībāzāo	in a mess
5. 动感情		dòng gǎnqíng	to be carried away by emotion
6. 摄像机	（名）	shèxiàngjī	video camera
7. 拍	（动）	pāi	to take (a picture)
8. 工艺品	（名）	gōngyìpǐn	arts and crafts
9. 印	（动）	yìn	to print
10. T恤衫	（名）	tīxùshān	T shirt
11. 艺术品	（名）	yìshùpǐn	work of art
12. 特色	（名）	tèsè	characteristic
13. 印章	（名）	yìnzhāng	seal
14. 印石	（名）	yìnshí	chop
15. 刻	（动）	kè	to engrave
16. 泥人	（名）	nírén	clay figurine
17. 彩蛋	（名）	cǎidàn	painted eggshell
18. 剪纸	（名）	jiǎnzhǐ	paper-cut
19. 景泰蓝	（名）	jǐngtàilán	cloisonné
20. 制品	（名）	zhìpǐn	products
21. 真丝	（名）	zhēnsī	real silk
22. 围巾	（名）	wéijīn	scarf

23. 手工	（名）	shǒugōng	by hand; manual
24. 刺绣	（名）	cìxiù	embroidery
25. 衬衫	（名）	chènshān	shirt
26. 玉石	（名）	yùshí	jade
27. 首饰	（名）	shǒushì	ornaments; jewelry
28. 抢手	（形）	qiǎngshǒu	popular; in demand
29. 后会有期		hòuhuìyǒuqī	to meet again some day
30. 送行		sòng xíng	to see sb. off
31. 平静	（形）	píngjìng	calm
32. 日历	（名）	rìlì	calendar
33. 缘分	（名）	yuánfèn	predestined relationship
34. 惹	（动）	rě	to provoke; to tease
35. 吻别	（动）	wěnbié	to kiss good-bye

● 注　释

1. 文房四宝	指笔、墨、纸、砚,是过去书房中常备的四种文具。
2. 天下没有不散的筵(yán)席	比喻什么事都有结束的时候。
3. 有缘(yuán)千里来相会	指人与人之间如果有相遇的机会,即使相隔千里也会见面的。

● 语句理解

1. 心里没底儿

   表示对事情的结果没有把握。比如:

   (1) 一年来他们的水平提高得很快,明天的比赛咱们能不能赢我可心里没底儿。

(2) 那个公司给我发来了面试通知，可是说实话，我心里一点儿底儿都没有。

2. 比中国人还中国人

"比 A 还 A"表示极力强调某人的特点或能力，带有夸张的语气。有时有讽刺的意味。比如：

(1) 他的篮球打得才棒呢，比乔丹还乔丹。

(2) 这种定论是专家作出来的，可是让他一口就否定了，他比专家还专家呢。

3. 开玩笑没够

"……没够"表示过分放纵某种言行而没有节制，略带贬义。比如：

(1) 他最喜欢喝啤酒，喝起来没够。

(2) 我弟弟就喜欢网上聊天儿，一聊起来就没够。

练习

一 成段朗读，体会段落中感叹的语气：

　　天天盼着回家，真到了这一天，又舍不得走了。想起刚来的时候，一个朋友也没有，整天给家里发信哪，打电话呀，除了上课不知道干什么好。那时候，翻着日历算日子，只想着早点儿回去。可现在，马上要回去了，有这么多朋友来送我，我心里又有一种酸酸的感觉，真想跟玛丽一样，不走了，再延长一年。想想这一年跟大家一起学习，一起玩儿，有很多事真是一辈子也忘不了的。唉，真像做了一场梦，刚梦到最快乐的时候，一下子就醒过来了。

二 替换下列划线部分的词语：

1. 说句实话，你就不想早点儿回家？

158

2. 提起<u>收拾行李</u>我就头疼。

3. <u>乱七八糟</u>什么都有。

4. 你呀,<u>开玩笑</u>没够。

5. <u>送人</u>是再理想不过的了。

三 **完成下面的对话,然后用上带点儿的词语做模仿会话练习:**

1. 甲:你什么时候结婚?

 乙:还早着呢! _____。

2. 甲:这些小工艺品我都挺喜欢的,怎么办?

 乙:这还不好办? _____。

3. 甲:你身体不好,可以打个电话让他们把饭送到你的房间来。

 乙:这倒是个好主意,_____。

4. 甲:这是我们最后的聚会了,想起来心里挺难过的。

 乙:天下没有不散的筵席,_____。

5. 甲:他帮你那么大的忙,你应该有所表示。

 乙:那是当然! _____。

四 **下面是一些表达友情和惜别的著名诗词名句,朗读并了解它们的意思:**

1. 海内存知己,天涯若比邻。(王勃《送杜少府之任蜀州》)

2. 但愿人长久,千里共婵娟(chánjuān)。(苏轼《水调歌头》)

3. 桃花潭(tán)水深千尺,不及汪伦送我情。(李白《赠汪伦》)

五 **请你说说:**

1. 如果你想留在中国工作,你想选择什么工作?为什么?

2. 当你面对一大堆留也没用、扔又可惜的东西时,你会怎么办?

3. 你在中国留学期间,买了哪些有中国特色的工艺品?

4. 你认为什么礼物送给家里人或朋友最合适?

5. 谈谈你们国家的人在告别时的习惯,说说与中国人的习惯有什么不同?

六 **下面的笑话运用了夸张的手法,请根据所给的题目进行大胆的想像与夸张:**

　　两个去过北方的人碰到一起,都说自己去过的地方是世界上最冷的地方。一个说:"我去的那个地方,点着蜡烛以后,蜡烛的火苗都被冻住了,怎么吹也吹不灭。""那算什么!"另一个说:"我去过的地方才冷呢!在那儿,话刚说出口就冻成了冰块儿。我们只好把它们放到锅里炒一炒,才知道说了些什么。"

1. 说夏天的热;
2. 说汽车开得快;
3. 说一个人的个子高;
4. 自选题目。

七 **成段表达:**

我在中国最难忘的一件事(一个人)。

160

口语知识（四）

1 动物在口语常用语中的喻义

人们在日常会话中，常常会谈到一些抽象的概念。为了使人对这些概念有生动、形象的理解，人们往往运用比喻这个修辞手法。而动物就自然而然地成为比喻句中的主人公。

动物和人类共同生活在一个地球上。在长期的共同生活中，人们对动物的习性、特征有了深入的了解。例如谈到凶猛，人们很自然就会想到狮子、老虎、豹子；谈到老实，人们也会想到绵羊、牛；谈到机灵人们会想到猴子；谈到胆小人们会想到兔子……这样，当人们谈到人的行为、性格等现象时，往往就很自然地以动物来比喻人，而且逐步形成规律。

牛、羊、鸡、狗等是和人类生活最紧密的，它们的习性也最为人们所了解，因此，用这些动物对人类生活现象进行比喻的词语最多。举例来说，牛给人的印象是老实、勤恳、力气大，可有时脾气也大，人们就把勤勤恳恳工作的人称为"老黄牛"，说力气大的人有一股"牛劲儿"，说固执的人是"牛脾气"；羊给人的印象是听话、胆小、任人宰割，于是听话的人就被说成是"小绵羊"，被冤枉的人就成了"替罪羊"了；鸡在人们的生活中不被看重，因此，不值得一提的小事被说成是"鸡毛蒜皮"，心胸狭隘的人被说成是"小肚鸡肠"，吓呆了的人被说成"呆若木鸡"；狗在现代人的生活中成了宠物，而在过去，人们养狗只是为了看家，狗在人们的心目中是在主人的指使下对外人耍威风，成了人们讨厌的对象。因此，人们在骂人的时候，常带一个"狗"字。如：

> ① 回你的狗窝去吧！
> ② 饶你一条狗命。
> ③ 你简直是一条疯狗！

④ 这篇文章是谁写的？狗屁不通！

⑤ 你这个狗杂种！

⑥ 这对狗男女，可害了不少人。

除此之外，在汉语惯用语中，凡是带"狗"字的词语，差不多都是贬义词。我们举一些例子看一看：

① 他只不过是人家的狗腿子。(给有势力的坏人作帮凶，欺负别人)

② 这些狼心狗肺的家伙，真该把他们抓起来。(比喻心肠狠毒或忘恩负义)

③ 他们狗急跳墙，会干出这样的事来的。(比喻走投无路时不顾一切地行动)

④ 他们狗仗人势，欺负百姓。(比喻仗势欺人)

⑤ 别听他的，狗嘴里吐不出象牙。(坏人嘴里说不出好话)

⑥ 他呀，狗改不了吃屎。(坏毛病永远改不了)

除了上面列举的动物之外，还有一些用其他动物作比喻的常用语。比如：把动作不灵活的人说成"笨鸭子"；把勾引男人的女人说成"狐狸精"；把不聪明的人骂成"蠢驴"；把爱睡懒觉的人说成"懒猫"；把很瘦的人比喻成"瘦猴"；把忘恩负义的人骂成是"白眼儿狼"；把猖狂不了多久的人说成是"秋后的蚂蚱"……

看到这里，你也许会说：哎呀，怎么都是贬义词，难道就没有赞美的词语吗？

当然也有。比如：把跳水运动员、飞行员等比喻成"雄鹰"；称健壮憨厚的孩子"虎头虎脑"、"虎里虎气"；称女游泳运动员为"美人鱼"；称活泼可爱的孩子们为"春天的燕子"；把女歌星比作"百灵鸟"……

除了惯用语以外，在口语中，人们还直接用动物来比喻人的某种行为，这种比喻方法常用上"像……(一样)"、"跟……似的"、"比……

还……"等词语。我们来看一些例子：

> ① 这小伙子,像牛一样壮。
> ② 你嗓门儿大得像头驴。
> ③ 弟弟丢了书包,急得像热锅上的蚂蚁。
> ④ 他像兔子似地一下子冲了出去。
> ⑤ 他怎么跟猪似的,就知道吃。
> ⑥ 他呀,身上没长毛,长毛比猴子还灵。
> ⑦ 我们一个个都淋成了"落汤鸡"。

2 植物在口语常用语中的喻义

植物在人们的日常生活中无处不在,不管是山上水边,还是田间庭院,到处都有千姿百态的植物,粮食蔬菜供给人们每天必需的营养,鲜花草木也给人们带来感官的美好享受。于是植物也常用于比喻,进入人们的日常口语。

鲜花以其艳丽的色彩,多被人们用来比喻美好的女性,所谓"姑娘十八一朵花"。人们说一个姑娘长得漂亮,常说"长得像一朵鲜花似的"。在给女孩子起名字的时候,人们也多用"梅、兰、菊、荷"等鲜花的名字,既希望女儿像这些鲜花一样漂亮,又希望孩子具有这些鲜花的特点,如像梅花那样不畏严寒,意志坚强;像兰花那样恬淡秀丽,高洁脱俗;像菊花那样独立寒秋,清新淡雅;像荷花那样"出淤泥而不染,濯清涟而不妖",身处逆境时能保持端庄清纯。

树木也经常用来比喻人的性格和外貌特点。比如松树,由于不畏酷暑和严冬,会引起人们对"风格高尚、意志坚强、操守纯贞、耿介不阿"等美好品德的联想,所以人们在赞誉具有这些品质的人时,经常说他们"像高山上的青松"。又因为松树生命力顽强,四季常青,常用来比喻健康长寿的老人,或用于向老人祝寿,比如祝老人"寿比南山不老松"。白杨树直立向上,常被用来比喻坚强、挺拔的年轻人。柳树柔美婀娜，所以用来形容女子走路摇曳生姿，好像"风摆杨柳"，等等。水果蔬菜因为与人们的生活息息相关，也常被人们用来作比喻。孩子漂亮的小脸因为天冷或害羞、激动而变得通红可爱，人们就说"脸红得像苹果一样"；而人们面对一个由于气恼、尴尬又说不出话来，脸胀得通红的男人，也许就说他的脸胀得"像个紫茄子"。夸一个姑娘的声音清脆，"像水萝卜一样"；对直爽泼辣的女性，多起个外号"小辣椒"。

有些植物由于具有多方面的特点，用作比喻时也具有不同的含义。比如说桃，在不同的环境中就具有不同的喻义，在中国古代，人们认为桃木能避邪，因此用桃木制成桃符挂在大门两旁；认为桃是天上的仙人享用的，人们给老人过生日时就制作桃形的面点"寿桃"，祝愿老人健康长寿；桃花明媚鲜艳，人们夸女孩子脸色红润艳丽就说"面如桃花"，对幸运的，有了漂亮女伴的男子开玩笑说"走了桃花运"；桃的果实甜美可爱，所以祝贺培养了大批优秀学生的老师就说"桃李满天下"。除此之外，也有具有贬义色彩的比喻，比如形容人哭得眼睛红肿难看说"眼睛像烂桃一样"，把有关不正当男女关系的事件称作"桃色事件"，等等。

再比如说竹子，一年四季葱绿，生意盎然，有很强的再生能力，即使被砍伐，只要有竹根，一场雨后便能茁壮成长，而且生长速度很快，于是人们形容大批涌现的新生事物为"如雨后春笋一般"。竹子枝干有节，并且直立生长，宁折不弯，象征人有气节。竹子是空心的，又象征人虚心，不骄傲；同时正因为空心，又比喻那些徒有外表，内心空洞无物的人是"山间竹笋，嘴尖皮厚腹中空"。

又如棉花，因其洁白，常被用来比喻成天上的白云、地上的羊群。又因其柔软，有时用来比喻性格软弱可欺的人是"软棉花"，有时用来比喻因疲劳或生病而乏力，"胳膊软得像棉花"、"腿像棉花一样，抬不起来了"、"全身像棉花一样没劲儿"，人因为生病或受到精神打击，精神恍惚，脚下空虚不稳，比喻成"像踩在棉花上似的"。

其他常见的用植物进行比喻的有：比喻默默无闻地做贡献的人是

"小草";比喻人遭受病痛或失败后精神颓败是"霜后的茄子";又矮又胖的人比喻成"矮冬瓜";形容眉目清秀的女子是"杏核眼,柳叶眉";失去美丽容貌的女子比喻成"残花败柳";。

下面句子中的植物带有特殊喻义,一般人都能理解:

> ① 丢了西瓜,捡了芝麻。(表示因小失大)
> ② 萝卜青菜,各有所爱。(每个人的爱好不同)
> ③ 路边的野花不要采。(劝男人出门在外时要洁身自好)
> ④ 昙花一现(比喻稀有的事物或显赫一时的人物出现不久就消逝)
> ⑤ 种瓜得瓜,种豆得豆。(比喻做了什么样的事,就得到什么样的结果)
> ⑥ 一朵鲜花插在牛粪上。(比喻美丽贤淑的女子嫁给了丑陋猥琐的男子或与他谈恋爱,令人惋惜)

● 练 习

一 请说出下列词语的准确含义:

| 狼吞虎咽 | 狐朋狗友 | 虎头蛇尾 | 纸老虎 | 杀鸡给猴看 |
| 笨鸟先飞 | 鸡飞蛋打 | 照猫画虎 | 驴唇不对马嘴 |

二 请说出下面植物的特别喻义:

| 竹子 | 梅花 | 牡丹 | 柳树 | 石榴 | 苹果 | 桃 |
| 松树 | 辣椒 | 荷花 | 杨树 | 芝麻 | 玫瑰 | 梨 |

三 你们国家的人是怎么拿动物和植物作比喻的,请举例说明。

四 用"像……(一样)"、"跟……似的"各说五个用动物或植物来比喻的句子。

口语常用语（四）

致　词

在社会交往中，有时需要你代表大家发表致词。这就需要你具有一定的成段表达能力。下面是在不同的场合发表的致词范本。

（一）

尊敬的各位老师、各位同学：

你们好！

非常荣幸能够代表这次来北方大学短期留学的全体留学生讲话。首先我想代表大家向为我们付出了辛勤劳动的各位老师表示衷心的感谢！

几个月来，我们从各个方面感受到了老师们对我们的关心，这里的每一位老师在上课的时候，都能够认真备课，耐心解答，热情辅导，使我们感觉到自己的汉语水平在这短短的一个月中有了很大的提高。课余时间，老师们还为我们开办讲座，带我们去参观，帮助我们了解中国的社会与文化，真是太辛苦了！我们都是十八九岁的年轻人，很多同学都是第一次到中国来，很多方面还不习惯。办公室的老师，在生活上无微不至地关心和照顾我们，帮我们解决食宿方面的问题，带我们去购物，有的同学半夜生了病，他们马上从家里赶来，送他去医院；有的同学过生日，他们送来了生日蛋糕。老师们的关怀，让我们身在异乡，感受到的却是家庭的温暖。

现在，我们学习期满，即将回国，很多同学都舍不得离开这里，舍不得离开辛勤培育我们的老师。回国以后，我们一定继续努力学习，用优异的成绩来回报各位老师。

最后,让我们再一次以热烈的掌声对所有在座的老师表示感谢!
谢谢大家!

(二)

各位领导、各位老师、各位同学:

大家好!

刚才刘老师让我代表来这里实习的一百多名留学生说几句,我
很高兴,也很紧张,因为没有事先准备,怕讲不好大家笑话。

我们这次来这里实习,收获真的很大。说实话,来这里之前,我们
一些同学心存疑问,不知这次实习有没有意义。通过几天的实习,我
们看到了一个崭新的农村,一个真实的、美好的世界。我们为这里农
民生活的改善、为中国农村的飞速发展感到高兴,我们真心地祝愿你
们在未来的日子里过上更美好的生活。

我们这次来实习,一方面是要了解中国的社会,学习在课堂上学
不到的知识;另一方面是希望能将自己所学语言应用于实际社会,通
过与社会上各种人的交流,锻炼我们使用语言的能力。这次实习对我
们来说真是一次难得的机会,让我们学到了很多东西,可能也给这里
的地方政府和农民带来一些麻烦。我们对你们的热情接待表示真诚
的谢意。

我们实习的时间虽然不长,可是这里的一切给我们留下了难忘
的回忆。我希望今后有机会我们再来这里重叙友情,也希望这里的农
民朋友能到我们的国家去做客。

我的话讲完了。谢谢。

总词汇表

A

安慰	（动）	ānwèi	1
暗中	（副）	ànzhōng	14

B

拔河		bá hé	7
摆	（动）	bǎi	4
半道	（名）	bàndào	4
包间	（名）	bāojiān	3
宝贝	（名）	bǎobèi	10
保护	（动）	bǎohù	14
保修	（动）	bǎoxiū	2
保养	（动）	bǎoyǎng	9
报道	（名）	bàodào	7
抱歉	（动）	bàoqiàn	5
悲观	（形）	bēiguān	15
背	（动）	bèi	8
背影	（名）	bèiyǐng	8
呗	（助）	bei	1
比喻	（名、动）	bǐyù	11
笔	（量）	bǐ	13
笔记	（名）	bǐjì	5
变形		biàn xíng	2
瘪	（形）	biě	2
冰激凌	（名）	bīngjīlíng	15
病毒	（名）	bìngdú	5
不对劲儿		bú duìjìnr	14
补	（动）	bǔ	4
布告	（名）	bùgào	14
部	（名）	bù	2

C

采摘	（动）	cǎizhāi	13
彩蛋	（名）	cǎidàn	16
惭愧	（形）	cánkuì	1
灿烂	（形）	cànlàn	13
操作	（动）	cāozuò	8
嘈杂	（形）	cáozá	13
层次	（名）	céngcì	10
查号台		cháhàotái	2
缠	（动）	chán	10
产妇	（名）	chǎnfù	10
长寿	（形）	chángshòu	15
厂家	（名）	chǎngjiā	2
唱反调		chàng fǎndiào	15
唱片	（名）	chàngpiàn	5
吵架		chǎo jià	3
(车)带	（名）	(chē)dài	4
车牌	（名）	chēpái	9
车位	（名）	chēwèi	9
衬衫	（名）	chènshān	16
成果	（名）	chéngguǒ	7
成家		chéng jiā	10
成双成对		chéngshuāng chéngduì	14
成心	（形）	chéngxīn	14
冲	（动）	chōng	7
重新	（副）	chóngxīn	9
出差		chū chāi	12
出力		chū lì	7
出色	（形）	chūsè	12

跟踪	（动）	gēnzōng	14
工艺品	（名）	gōngyìpǐn	16
公安局	（名）	gōng'ānjú	14
公正	（形）	gōngzhèng	11
供	（动）	gōng	3
供需	（名）	gōngxū	12
供应	（动）	gōngyìng	13
共享		gòngxiǎng	5
购	（动）	gòu	9
估计	（动）	gūjì	2
孤独	（形）	gūdú	13
古今中外		gǔjīn zhōngwài	6
鼓掌		gǔ zhǎng	10
管	（动）	guǎn	3
光彩	（形）	guāngcǎi	8
规划	（动）	guīhuà	11
过硬	（形）	guòyìng	12

H

行	（名）	háng	4
好歹	（副）	hǎodǎi	14
好在	（副）	hǎozài	5
合唱	（名）	héchàng	7
何必	（副）	hébì	15
狠	（形）	hěn	11
红烧肉	（名）	hóngshāoròu	15
哄	（动）	hǒng	10
后会有期		hòuhuìyǒuqī	16
呼吁	（动）	hūyù	8
蝴蝶	（名）	húdié	5
户口	（名）	hùkǒu	12
华裔	（名）	huáyì	6
患者	（名）	huànzhě	15
荒凉	（形）	huāngliáng	13

回头	（副）	huítóu	1
会员	（名）	huìyuán	7

J

鸡翅	（名）	jīchì	3
鸡蛋黄	（名）	jīdànhuáng	15
激烈	（形）	jīliè	8
及格		jí gé	6
急需	（动）	jíxū	2
…籍		…jí	6
记性	（名）	jìxing	14
忌	（动）	jì	15
既…又…		jì…yòu…	3
加班		jiā bān	12
加强	（动）	jiāqiáng	11
加试		jiāshì	6
家乡	（名）	jiāxiāng	9
驾校		jiàxiào	9
尖子	（名）	jiānzi	12
坚决	（形）	jiānjué	10
减轻	（动）	jiǎnqīng	8
剪纸	（名）.	jiǎnzhǐ	16
简历	（名）	jiǎnlì	12
简化字	（名）	jiǎnhuàzì	6
见外	（动）	jiànwài	7
见笑	（动）	jiànxiào	8
建	（动）	jiàn	7
讲理		jiǎng lǐ	14
角度	（名）	jiǎodù	11
接触	（动）	jiēchù	12
街心公园	（名）	jiēxīn gōngyuán	11
节奏	（名）	jiézòu	11
借口	（名）	jièkǒu	12

"语句理解"总表

(数字表示课文序号)